企·业·家 QIYEJIA

财界总统

郑周永

梅昌娅 ◎ 编著

CAIJIE ZONGTONG ZHENGZHOUYONG

辽海出版社

图书在版编目（CIP）数据

财界总统郑周永／梅昌娅编著. —沈阳：辽海出版社，2017.6
ISBN 978-7-5451-4204-4

Ⅰ.①财… Ⅱ.①梅… Ⅲ.①郑周永(1915-2001)-传记 Ⅳ.①K833.126.538

中国版本图书馆 CIP 数据核字(2017)第 136856 号

责任编辑：孙德军
封面设计：李　奎

出版者：辽海出版社
地　　址：沈阳市和平区十一纬路 25 号
邮　　编：110003
电　　话：024-23284381
E-mail：dszbs@mail.lnpgc.com.cn
http://www.lhph.com.cn
印刷者：北京一鑫印务有限责任公司
发行者：辽海出版社

幅面尺寸：155mm×220mm
印　　张：14
字　　数：218 千字

出版时间：2017 年 7 月第 1 版
印刷时间：2017 年 8 月第 1 次印刷
定　　价：29.80 元

《世界名人传记文库》编委会

主　编　游　峰　姜忠喆　蔡　励　竭宝峰　陈　宁　崔庆鹤
副主编　闫佰新　季立政　单成繁　焦明宇　李　鸿　杜婧舟
编　委　蒋益华　刘利波　宋庆松　许礼厚　匡章武　高　原
　　　　　袁伟东　夏宇波　朱　健　曹小平　黄思尧　李成伟
　　　　　魏　杰　冯　林　王胜利　兰　天　王自和　王　珑
　　　　　谭　松　马云展　韩天骄　王志强　王子霖　毕建坤
　　　　　韩　刚　刘　舫　宫晓东　陈　枫　华玉柱　崔　武
　　　　　王世清　赵国彬　陈　浩　芝　罘　姜钰茜　全崇聚
　　　　　李　侠　宋长津　汪　裴　张家瑞　李　娟　拉巴平措
　　　　　宋连鸿　王国成　刘洪涛　安维军　孙成芳　王　震
　　　　　唐　飞　李　雪　周丹蕾　郭　明　王毓刚　卢　瑶
　　　　　宋　垣　杨　坤　赖晖林　刘小慈　张家瑞　韩　兆
　　　　　陈晓辉　鲍　慧　魏　强　付　丽　尹　丛　徐　聪
　　　　　主勇刚　傅思国　韩军征　张　铧　张兴亚　周新全
　　　　　吴建荣　张　勇　李沁奇　姜秀云　姜德山　姜云超
　　　　　姜　忠　姜商波　姜维才　姜耀东　朱明刚　刘绪利

	冯　鹤	冯致远	胡元斌	王金锋	李丹丹	李姗姗
	李　奎	李　勇	方士华	方士娟	刘干才	魏光朴
	曾　朝	叶浦芳	马　蓓	杨玲玲	吴静娜	边艳艳
	德海燕	高凤东	马　良	文　夫	华　斌	梅昌娅
	朱志钢	刘文英	肖云太	谢登华	文海模	文杰林
	王　龙	王明哲	王海林	台运真	李正平	江　鹏
	郭艳红	高立来	冯化志	冯化太	危金发	仇　双
	周建强	陈丽华	叶乃章	何水明	廖新亮	孙常福
	李丽红	尹丽华	刘　军	熊　伟	张胜利	周宝良
	高延峰	杨新誉	张　林	魏　威	王　嘉	陈　明
总编辑	马康强	张广玲	刘　斌	周兴艳	段欣宇	张兰爽

总　序

　　我们每个人心中都有自己崇拜的名人。这样可以增强我们的自信心和自我认同感，有益于人格的健康发展。名人活在我们的心里，尽管他们生活在不同的时代、不同的国度、说着不同的语言，却伴随着我们的精神世界，遥远而又亲近。

　　名人是充满力量的榜样，特别是当我们平庸或颓废时，他们的言行就像一触即发的火药，每一次炸响都会让我们卑微的灵魂在粉碎中重生。

　　名人带给我们更多的是狂喜。当我们迷惘或无助时，他们的高贵品格就如同飘动在高处的旗帜，每次招展都会令我们幡然醒悟，从而畅快淋漓地感受生命的真谛。只要我们把他们视为精神引领者和行为楷模，就会不由自主地追随他们，并深刻感受到精神的强烈震撼。

　　当我们用最诚挚的心灵和热情追随名人的足迹，就是选择了一个自我提升的最佳途径，并将提升的空间拓展开来。追随意味着发现，发现名人的博大精深，发现时代赋予我们的使命，发现最真实的自我；追随意味着提升，置身于名人精神的荫蔽之下，我们就像藤蔓一般沿着名人硕大粗壮的树干攀援上升，这将极大地缩短我们在黑暗中探索的时间，从而踏上光明的坦途。

不要说这是个崇尚独立思考的年代,如果我们缺乏敬畏精神,那么只能让个性与自由的理念艰难地生长;不要说这是个无法造就伟人的年代,生命价值并不在于平凡或伟大。如果在名人的引领下,读懂平凡世界中属于自己的那本书,就能够成为最好的自己。

名人从芸芸众生中脱颖而出,自有许多特别之处。我们追溯名人成长的历程,虽然每位人物的成长背景都各不相同,但或多或少都具有影响他们人生的重要事件,成为他们人生发展的重要契机,并获得人生的成功。

名人有成功的契机,但他们并非完全靠幸运和机会。机遇只给有准备的人,这是永远的真理。因此,我们不要抱怨没有幸运和机遇,不要怨天尤人,我们要做好思想准备,开始人生的真正行动。这样,才会获得人生的灵感和成功的契机。

我们说的名人当然是指对世界和人类做出突出贡献的伟大人物,他们包括著名的政治家、军事家、发明家、文学家、艺术家、思想家、哲学家、企业家等。滚滚历史长河,阵阵涛声如号,是他们,屹立潮头,掀起时代前进的浪花,浓墨重彩地描绘着人类的文明和无限的未来,不断开创着辉煌的新境界和新梦想,带领我们走向美好的明天。

政治家是指那些在长期政治实践中涌现出来的具有一定政治远见和政治才干、掌握权力,并对社会发展起着重大影响作用的领导人物。军事家是指对军事活动实施正确指引或是擅长具体负责军事行动实施的人,一般包括战略军事家和战术军事家。

政治家、军事家大多充满了文韬武略,能够运筹帷幄,曾经叱咤风云,纵横天地,创造着世界,书写着历史,不断谱写着人类的辉煌篇章,为人们留下了许多宝贵的精神财富和物质财富。

科学发明家是指专门从事科学研究和发明,并做出了杰出贡献的人士。他们从事着探索未知、发现真相、追求真理、改造世界和造福人类的大学问。他们都有献身、求实、严谨和持之以恒的精神，都具有一颗好奇心。从好奇心出发，他们希望探知事物规律，具有希望看到事物本质一面的强烈意识与探索激情。还有就是他们都有恒心，他们在科学研究中不断努力，努力，再努力，锲而不舍，具有永不止步的追求精神。

文学家是指以创作文学作品为自己主要工作的知名人士和学者等。其中，诗人是指诗歌的创作者，小说家指小说创作者，散文家指散文创作者，而文学家则是指在诗歌、小说、散文、戏剧等各种文学体裁领域均取得一定成就的创作者，他们是人类精神财富的创造者。

艺术家是指具有较高审美能力和娴熟创作技巧并从事艺术创作劳动而具有一定成就的艺术工作者。进行艺术作品创作活动的人士，通常指在绘画、表演、雕塑、音乐、书法及舞蹈等艺术领域具有比较高的成就，并具有了一定美学造诣的人。他们是生活中美的发现者和创造者，极大地丰富着我们的生活。

哲学家、思想家是指对客观现实的认识具有独创见解并能自成体系的人士。思想主要是用言语和符号来表达的，而致力于研究思想并且形成思想体系的人就是哲学家、思想家。他们用独到的思想解决生活中遇到的问题，且在此过程中逐渐认识自我与宇宙，以此解决人们思想认识上矛盾迷惑的问题。他们是我们人类灵魂的工程师，塑造着我们的人格，探讨所有人类重要的问题和观念，并创造出一种思考和思想的能力，闪烁着智慧的光芒，照耀着人类前进的步伐，推动着人类思想和精神不断升华，使人类不断摆脱低级状态，不断走向更高境界。人是有思想和精神的高级动物，因此，哲学家和思想家是人类不可或缺的，是我们人类的伟大导师。

企业管理家是最直接创造财富的人。他们创造物质财富,推动社会不断进步,使得人们更加幸福。财富虽然只是一个象征,但它与人们的生活、国家的发展、民族的强盛等息息相关。企业家也创造巨大的精神财富,他们在追求财富过程中所表现出来的创新、冒险、合作、敬业、学习、执著、诚信和服务等精神,是我们每一个人学习的榜样。

我们追踪这些名人成长发展过程中的主要事件,就会发现他们在做好准备进行人生不懈追求的进程中,能够从日常司空见惯的普通小事上,碰撞出思想的火花,化渺小为伟大,化平凡为神奇,从而获得灵感和启发,获得伟大的精神力量,并进行持久的人生追求,去争取获得巨大的成功。

影响名人成长的事件虽然不一样,但他们在一生之中所表现出来的辛勤奋斗和顽强拼搏的精神,则大同小异。正如爱迪生所说:"伟大人物最明显的标志,就是他们拥有坚强的意志,不管环境怎样变化,他们的初衷与希望永远不会有丝毫的改变,他们永远会克服一切障碍,达到他们期望的目的。"

爱默生说:"所有伟大人物都是从艰苦中脱颖而出的。"因此,伟大人物的成长也具有其平凡性。正如日本著名歌人吉田兼好所说:"天下所有伟大人物,起初都是很幼稚且有严重缺点的,但他们遵守规则,重视规律,不自以为是,因此才成为名家并进而获得人们的崇敬。"所以,名人成长也具有其非凡之处,这才是我们应该学习的地方。

英国著名哲学家培根说:"用伟大人物的事迹激励青少年,远胜于一切教育。"为此,本套作品荟萃了古今中外各行各业最具有代表性的名人,阅读这些名人的成长故事,探知他们的人生追求,感悟他们的思想力量,会使我们从中受到启迪和教育,让我们更好地把握人生的关键,让我们的人生更加精彩,生命更有意义。

简 介

郑周永（1915~2001），韩国现代集团的创始人，拥有43家关系企业，15.5万名员工，年营业额达512亿美元；除汽车、建筑等核心企业，还包括造船、重电机械、电子等相关企业；目前是一家股票上市最少，外国资金最低，最具"韩国色彩"的企业团体，在此全球分工合作的时代，成为独立特行的一匹黑马。

郑周永出生于一个世代务农的贫苦家庭。他小时候，在种田之余，悄悄上山砍柴，用半年时间，积攒了4角7分钱。他靠这4角7分钱，偷偷离开农村，远行去城市打工，开始了他的人生之旅。

他经历了艰难的打工生涯，经过了从建筑工头的起步，逐步创造了实业，成了韩国建筑业巨头，又发展成造船业巨子。进入20世纪80年代，他的"现代集团"拥有建设、汽车、造船、重机、精工、商船、电子等26家分公司，在世界500强大企业中名列前100名。

1987年2月，郑周永退居二线，担任"现代集团"的名誉会长，开始了他怡静安宁的晚年生活。

2001年3月21日，郑周永在汉城一家医院病逝，享年86岁。郑周永的去世惊动了韩国朝野，总统金大中等政界要人和经济界知名人士纷纷发出唁电以示哀悼。韩国最大的企业联合组织韩国经济人联合会甚至要求为他举行国葬。

郑周永是韩国现代史上的传奇人物,现代集团的创始人兼名誉会长。他是韩国最具代表性的经济人物。

他曾3次离家出逃,外出找工作,从米店的伙计做起,逐步当上米店老板,经营汽车修配厂;后又涉足建筑业,创办了现代建筑株式会社,并将之发展成韩国最大的财团,他本人也成为韩国首富。

郑周永无论做什么事,首先想到的都是国家利益。

他常说:"企业是国家的一部分,只有国家发展了,企业才能够壮大。"

他要求现代的每个员工必须具备主人翁意识。他认为"企业不是赚钱的机器,而是创造社会财富和精神财富、引导国民奋发向上的特殊团体"。正是这样,他为韩国企业在国际市场上树立了良好形象。

郑周永只是小学毕业,却获得了许多名誉博士学位。他以神话般的奇迹,创造了辉煌灿烂的东方金字塔。他赫赫有名的"现代集团",为韩国创造了辉煌。

郑周永的成功,使他成为世界上知名人物,韩国几所大学授予他工学博士学位。美国华盛顿大学授予他名誉经营学博士学位,许多国家还授予他有关功勋和荣誉。

郑周永被称作"在韩国现代史的每个重要关头都留下足迹的时代巨人"。他的经历就是一部韩国经济发展的简史,几经磨难方成功。

目 录

出身于贫苦农民家庭 ………………… 001

小学毕业离家出走 …………………… 007

第二次离家又失败了 ………………… 012

坚持第三次孤身离家 ………………… 017

在汉城成立京一商社 ………………… 023

买下阿道汽车修配厂 ………………… 029

成立现代建筑株式会社 ……………… 036

承接装修云岘宫工程 ………………… 041

修复洛东江高灵桥 …………………… 046

在承揽工程中发展壮大 ……………… 052

迈向海外市场的第一步 ……………… 061

忍辱修建昭阳江大坝 ………………… 071

海外拓展有喜有悲 …………………… 077

成立现代汽车株式会社 ……………… 084

成立现代造船株式会社 ……………… 092

勇敢杀入中东市场 …………………… 102

把现代汽车推向全球 ………………… 114

勇敢进入电子领域 ……………………… 119
成立峨山财团帮助穷人 …………………… 123
围海造田造福子孙 ………………………… 127
全国经济人联合会会长 …………………… 132
为韩国申办奥运会出力 …………………… 137
担任大韩体育协会会长 …………………… 145
会见基辛格共论中国 ……………………… 150
将集团会长让给四弟 ……………………… 158
促进共同开发金刚山 ……………………… 162
访问苏联促进两国建交 …………………… 168
投身政治建立新党 ………………………… 174
参加韩国总统竞选 ………………………… 183
培养接班人严格要求 ……………………… 188
现代集团正式换帅 ………………………… 197
夙梦难圆溘然离世 ………………………… 203
附：年　谱 ………………………………… 208

出身于贫苦农民家庭

1915年11月25日黎明，在朝鲜江原道通川郡松田面，有一个小村子名叫峨山。皑皑白雪覆盖大地，孕育着春的气息，也带来了新的希望。

渐渐地天色大亮了，太阳刚刚从东边辽阔的大海上露出头来，璀璨的光芒洒遍了蔚蓝的海面，使早起的人们心动不已。

一个32岁的年轻人站在村口，望着广阔的大地，不由感叹道："真是一场好雪啊！"他的心中正充满着将为人父的喜悦。他不敢多做停留，便抬腿奔向村里的接生婆家。

一进接生婆家门，他就高声喊："阿婆，起来了没有？快跟我去我家呀！"

接生婆走出门，笑道："早就起来了！阿郑，我昨天不是告诉你了，你媳妇要到中午才能生呢！要不我昨晚也不敢放心回来。"

话虽这么说，但她还是跟着郑姓青年一起走了。

一大家人早就等在青年家里。这是个大家庭，老少3代10

多口。

中午前后,随着一声响亮的啼哭,郑家新一代的"长子长孙"诞生了。祖父高兴地为他取名"周永"。

小周永家原来并不在江原道,他们家是在甲午年为了躲避战乱才从咸境北道的吉州搬迁至此的。当时曾祖父变卖了田产,带着3个儿子一路南下,来到山清水秀的松田时,就一眼看中了这里,决定在这里扎根。

小周永的祖父是一个研究中国和朝鲜古典文学的学者,他在村里办了个私塾。或许是深受中国传统思想的影响,认为多子必然多福,他膝下有7个儿女,小周永的父亲是长子。

于是,小周永的父亲就接替祖父来负责管理家务和6个弟弟妹妹。他的勤劳在松田一带是很出名的。

当时朝鲜正处在日本的殖民统治下,人民生活十分贫困。在农村,条件稍好一些的家庭,到了冬天也只能以粥代饭。一般家庭一天只吃两顿饭,早饭能吃到粗小米做的米饭,而晚饭那就只能喝稀粥了。

后来,小周永的父亲又有了弟弟和妹妹。父亲不但要养活自己的一群儿女,还要照顾弟弟妹妹,他一直操持到弟弟妹妹都各自成家。他心甘情愿、无怨无悔,附近的人非常敬佩他。

小周永看到父亲一年到头不停地干活,一天也不歇着,即使是没有农活的冬天,别人都闲下来吃喝打牌了,他仍然不声不响地刨树根、捡石头,开垦荒地,将高处的土挖下来填平低洼的地方……只要每天一睁开眼,劳动就成了他的全部。

受传统影响,父亲也把将来顶替他挑起家庭担子的希望放在了同样作为长兄的郑周永身上,希望他能成为像自己一样勤劳能干的农民，挑起家里的大梁。

在小周永的记忆中，经常跟着父亲来到那片斜坡上，修田埂、挖水沟，填进好土，撒化肥，引水种田……在潜移默化中，父亲的行动铸就了他小小的灵魂中一份沉沉的责任："我作为长子，也要像父亲那样关心弟弟妹妹！"

小周永长到6岁时，到祖父开的私塾里学习汉文。他闷得不行，望着窗外的世界，听着鸟语，闻着花香，心儿早就飞出去了。一下课，他就和伙伴们奔向田野。

祖父对他非常严厉，督促他背诵《千字文》《小学》《大学》《资治通鉴》以及唐诗宋词，背不出来就要挨打。这样一直长到8岁，小周永脑子里也记了大量的中国传统文学。

1924年，小周永就读于通川郡松田公立小学。由于家境贫穷，他从上小学的第一天起，就几乎天天饿着肚皮在课堂上听课，有时饿得头晕眼花、心慌肚叫，他就在课间休息的时候跑到水池边喝几口凉水来充充饥。

但无论多么饿，小周永都要坚持把课听完，因为他知道当时他能得到这样一个读书机会是十分不容易的。

由于在私塾里打下了牢固的基础，所以小学的课程对小周永一点负担也没有。虽然他放学回家后就得去干活，没有时间复习功课，但是成绩依然是最好的。

冬天里，在学校到小周永家之间的乡村小道上，总可以看到他穿着不太御寒的夹衣，在寒风中疾走。

在冷天怀揣着书本跑路时，冷风就会从衣服的下摆钻进来，到家后，他的全身已经被冻红了，而且因为白天黑夜都穿着一身衣服，衣服上长了虱子，奇痒无比。

于是奶奶便会为他抓虱子，当老人找不到虱子时，就让小周永脱光衣服钻进被子里，然后把他的衣服挂到屋外的雪地里，虱子就会被冻死。第二天早上，奶奶再把衣服挂在火炉前烤干。

不过，由于学习没有负担，老师对他也好，他还是非常开心的。

朝鲜民族是能歌善舞的民族，小周永可没少在这上面下功夫。从早到晚地学，有时家里人都听烦了，他却越唱越起劲。

从10岁开始，父亲教小周永一些精细的农活。通常天不亮他就被叫起来，走七八千米才能到地里，这时天才微微发亮。

然后，他和父亲就在一眼望不到边的谷子地里，戴着草帽，顶着烈日，弯着腰一棵一棵地拔草、松土。父亲手把手地教小周永，两个人一做就是一天，早上被露水浸湿的衣服没等被太阳晒干，就又被汗水湿透了，在麻布做成的衣服上形成了一道一道的泥印。

父亲不爱说话，但有时累了就直起腰来歇一歇，这时他就会吹起响亮的口哨。

小周永这时就会对父亲说："爹，如果今天把种子播下去，明天它就成熟了该多好啊！"

父亲停下口哨，看了小周永一眼，知道这么小的孩子做这么重的活的确吃不消，但他没有说话，只是爱怜地摸了摸儿子的头。

一天中最惬意的时候，就是中午在树荫下，吃着妈妈带的土豆饭和大酱汤，然后还能睡一小觉。

一天下来，晚上疲惫地回到家里，小周永觉得腰都要断了。但为了父亲和弟弟妹妹，他不敢说不想做活。

晚上喝过粥，坐在院里听妈妈那讲不完的故事，也是小周永的另一种享受。有时他看到，就连平时板着面孔的父亲听着母亲那动听的故事，也会不自觉地露出难得一见的笑容。

母亲养春蚕，到了秋天再养秋蚕，中间空闲的日子还要做一些农活。小周永经常跟随母亲上山采桑叶。桑叶采得越多，他就越高兴。尽管桑叶越多，背起来就越沉，可他还是尽可能多背些，这样母亲就可以少上山一次。

有一年中秋节时，小周永因为是过节，所以没有按时起床。父亲已经收拾好东西准备下地了，发现他还窝在炕上，于是生气地拿起稻草秆就在他屁股上打了几下。虽然不是很疼，但小周永看到父亲那既生气又心疼的样子，从此再也不敢偷懒了。

有一年冬天，大雪整整下了三天三夜，村里的人们进山打猎，逮住了很多鹿和野猪，全村的男女老少像过年似的欢聚在一起，美美地吃了一顿。

冬天大雪封住了一切，人们只能躲在家里。小周永本以为到了冬天可以轻松一下了，可是父亲又要教他编草鞋。编草鞋得从搓草绳学起。搓草绳是一项非常枯燥无味的工作，尽管父亲很耐心地教他，可他还是坐不住。为了躲避这毫无趣味的劳动，他故意装出手很疼的样子。

父亲当然心疼儿子，小周永趁机跑出去同村里的小伙伴去玩滑雪、弹球。晚上，一群小伙伴躲在黑暗的房子里，互相讲一些妖魔鬼怪的故事，胆子小的孩子被吓得胆战心惊，连家都不敢回。

当时农村的孩子们没有内衣，都是光着身子穿棉袄。孩子们只顾着玩，其他的什么也不管；玩得高兴的时候都是大汗淋漓，冷风吹来很容易感冒。

小周永在 11 岁那年的冬天患了一场重病,整整在炕上躺了 6 个月。本来很活泼的孩子像是被霜打了的茄子似的,蔫极了,整天只知道躺着,一点力气也没有。

就这样,小周永在饥寒交迫的岁月里读完了小学。但他常常思索着:"难道我们一生就要过这么苦的生活吗?"

小学毕业离家出走

1930年，15岁的郑周永小学毕业了，他十分渴望能继续上学。这时，郑周永想要像祖父那样当一名先生，但是那必须要先去读师范学校。他那贫困而又多子的父母亲被生活的重负压得喘不过气来，他们不得不断了郑周永的学路，而首先考虑如何填饱肚子。

这样，郑周永就成了家里的主要劳动力。父亲决定再开垦一块山地，多种些粮食。

一到春天，郑周永就与父亲开始了开荒种地。每当红日尚未升出地平面，雄鸡鸣叫的时候，郑周永就得赶紧起床，扒两口饭，然后匆匆地跟着父亲下地干活，风雨无阻。一般情况下，开垦100坪的荒地需要两个月的时间。

1931年，郑周永16岁。不甘于一辈子这样受穷的郑周永，不理解父亲那种对土地执着的做法，他希望有朝一日能走出这贫穷落后的农村，希望能因此而摆脱这种朝饭夕粥的贫困生活。

当时，区长家订了一份《东亚日报》，郑周永每天都要跑到区长家里看这份全村唯一的报纸。通过报纸，郑周永知道了外面广阔的世界,这更坚定了他离开农村、寻找新生活的信念。

于是,郑周永找来了几个也有同样想法的同窗好友,商量着如何才能离开这令人绝望的穷山恶水,告别这块贫瘠的土地,去寻求新的发展。

大家的意见是希望父母能送他们出去打工。郑周永在报上看到一则消息:在清津、罗津那个地方刚刚成立炼铁厂,并且正在修建港口和铁路。

于是他对大家说:"就是在城市找个地方做工,也比待在农村强。躲在暗处的老鼠只能去吃屎,在光天化日之下也出来的老鼠就能得到粮食。我们有力气,就一定能够赚到钱!"

可是,当郑周永向父亲提出想出去打工时,父亲却把他的想法扼杀在摇篮之中。他说:"周永,你是咱们郑家的老大,身为长子就必须留在家里种田打粮,养家糊口。怎么可以想入非非,弃家远走呢?这是大逆不道的!"

面对父亲的训斥,郑周永不敢当面反驳,但他心里早已打定了主意,有朝一日一定要远走高飞,并产生了逃出去的想法。

第二天,郑周永找来他最要好的伙伴池周元,两人找来朝鲜地图,准备逃往清津市打工。可是当他俩从这张破旧地图上找到清津市时,心里顿时凉了半截。原来清津市与通川郡松田面峨山村相距千里之遥。

郑周永实在是无法忍受这里贫困的生活,他太渴望能去见识一下外面的广阔世界。他们决定悄悄砍柴卖钱,积攒路费。于是两人便在种田之余,悄悄上山砍柴,足足用了近半年时间,才积攒了4角7分钱。

当时正是农历七月,农活不算太忙,晚上喝过粥,两个少年偷偷换上平日舍不得穿的衣服，拿着辛辛苦苦攒来的4角7分钱盘缠，偷偷溜出村庄，神不知鬼不觉地上路了。

按着地图上的路线，他们徒步开始了人生旅途上的第一次远征。按照他们的速度，需要走半个月才能到达清津。

为了怕父亲追上，他们这一夜就跑出了30千米。到了早上，两个少年又饿又累，一边走一边商量："到哪里去弄点吃的呢？"

池周元说："就在路边找个人家讨点吧！"

郑周永说："不行，路边上的人家看惯了来往的行人，他们心肠已经很硬了。我们还是去离大路较远的村子看看吧！"

两个人下了公路，走出3000多米，看到了正冒着炊烟的村子。他们选择了一家，但是谁也不好意思进去，池周元犹豫着对郑周永说："你去吧！"

郑周永笑道："这真是大乞丐支使小乞丐啊！不就是要饭吗，我去。连要饭都不敢，还怎么到得了清津？"

郑周永一咬牙走了进去，看到院子里有一家人正在吃早饭。郑周永低着头，自己都听不清自己说的什么："打扰了……我们……我们路费丢了，能不能……给点吃的？"

那家主人看着面红耳赤的郑周永，说："什么？钱丢了？你这小子连谎都不会撒。钱都是贴身放着，怎么会丢呢？"

郑周永听到谎话被揭穿了，抬腿就跑了出来，拉着池周元就走了。然后他们找到一个打糕店，用5分钱买了3片打糕。店主人很好心，看这俩少年饿得不行，又给了他俩一碗玉米粥。两个人赶紧吃完就又上路了。

一路上他们日夜兼程，风餐露宿。经过几天的奔波，来到了高元市，此时他们口袋里的路费已所剩无几。

正巧，高元铁路工地招聘临时工，于是他俩便去应聘。没想到，工长见这两个小伙子年轻力壮，真的收下了他们。这里做普通工作一天只有4角钱，而做重体力劳动一天能多挣5分钱。两个人为了多赚一些钱，就做起了成年人都干着吃力的重体力活。

转眼中秋将至，郑周永望着渐渐满弓的月亮，伤心地哭了起来，他感到自己不辞而别，确实有点对不起父母和家人。想到这里，他更是潸然泪下。

然而，郑周永心里十分清楚，生活在那贫困的山村是永远无法出人头地的，为了父母和弟妹们能过上好日子，他必须这么做。现在既然已经出来了，就要加倍努力地工作，争取多挣些钱寄回家去。

于是，郑周永从工长那里先预支了半个月的工资，准备给父母寄去，然而，正当他们准备去邮局寄钱时，突然一只大手搭在了他的后肩上。他惊得一回头，愣了半天竟说不出一句话来，原来是他父亲。

郑周永真没想到父亲竟会在高元市找到他们，"您是怎么找到这里来的？"

父亲说："和你们在一个工地上做工的人回家时，路过峨山，正巧下大雨，他来咱们家讨水喝。我就让他先住下了，说起话来，那人说他们工地上也有两个从峨山去的少年，所以我想着可能是你们，就找来了。"

接着父亲又说："你是我家的长子，弟弟妹妹再多，长子还是长子，是一家的栋梁。没有栋梁的家，自然会倒塌。无论有什么事，你都得守着故乡，对弟弟妹妹负责任。如果你的弟弟妹妹当中谁离家出走，我也不会出来寻找。"

就这样，郑周永第一次出逃失败，只好乖乖地跟着父亲回家。但郑周永并不甘心，他整天都在想："不能就这样算了，不能一辈子当农民。那么，该怎么办呢？"

秋风扫落叶之后，又是一个难熬的隆冬，那一年的冬天雪大得出奇。奶奶去顶水，走在雪中都看不见她的身子，只见顶在奶奶头上的水罐在雪中移动。

郑周永想："连我们村子的雪都这么大，那全国各地的雪一定更大，上哪儿找工作呢？还是等到春天再说吧！"

郑周永无奈地待在松田面峨山，期待着春天的到来。

郑周永又和同村的赵彦九、郑昌宁约定，等到春天去汉城。因为到汉城只需要两三天的路，比去清津容易些。

整个冬天，郑周永非常卖力地为家里干活。他砍了好多柴，一部分留给家用，一部分挑到集市上卖掉换点钱。郑周永一分一分地积攒着他的路费，到了春天，他已经有3角钱了。

第二次离家又失败了

  1932年春天，又是薄冰融化、绿叶抽新的时节，郑周永的逃性未改。4月份，他叫上赵彦九、郑昌宁两个小伙伴，在一个漆黑的夜晚溜出了村子。这次他们事先制定了详细的行动路线：经库底，过通川邑，再翻过楸池岭，到淮阳时在郑昌宁的亲戚家歇歇脚，然后再去汉城。

  海拔1000米的楸池岭山顶，此时积雪尚未完全融化。当他们三人来到山顶时，正是夕阳西下的时候，落日的余晖映照在皑皑白雪上，泛出一片橘红色的光芒。郑周永第一次看到了大自然壮观美丽的场面。

  由于交通很不方便，亲戚之间很少走动。当3个少年走进郑昌宁的亲戚家时，亲戚非常惊讶："咦，你怎么这时到我家来了？"

  郑昌宁说："这几天闲着没事，我跟爸爸说了，出来玩两天。"

  亲戚非常热情地招待了他们3个人。这一晚他们睡得特别香。

  没料到，第二天刚刚到吃早饭的时候，郑昌宁的哥哥就找来了，他像捉小鸡一样把郑昌宁给带走了。郑周永和赵彦九趁乱跑了出来，也不敢回去告别，就直接向金化方向奔去。

他们怕再有家人追来，走得很快，后来累得实在走不动了，就选了一处背风的地方休息。

这时，迎面走来一个穿着西装的中年人。他问："你们这是去哪里呀？"

赵彦九说："我们要去汉城……"

他还没说完，郑周永赶紧接过去撒了个谎："……我们到那里上学，顺便看看有没有工作可做。"

那人问："那你们在汉城有亲戚吗？"

两个少年都摇头说没有。

中年人听后哈哈大笑，说："你们可真是年少天真啊！就这样子还要去汉城？瞧瞧你们穿得这么土，就是到了汉城，谁会雇你们做工呢？又怎么能上学呢？"

两人的脸一下子涨红了，不知如何是好。

这时，那人又说："你们从家里出来，不就是想赚钱吗？我看你们还是不要去汉城了。我是一个厨师，金刚山最大的饭店现在正请我去那儿上班。如果你们愿意跟我走，我会在那儿给你们介绍份好工作的。怎么样？"

郑周永心动了：要是能先挣些钱，也买套像样的西装，然后再去汉城，这也不坏。

中年人看他们有些动心了，又接着说："春天到了，许多人都要到金刚山春游，现在汉城的厨师都往金刚山跑呢！"

郑周永和赵彦九商量了一下，就跟那中年人上路了。

临行前，那人问："你们还有多少钱？"

郑周永说："还有7角6分钱。"

这位绅士模样的人想了想说:"嗯,也可以了。"

走到中途,他们在一家饭店停下来吃饭,晚上又在一家旅店睡了一夜。费用全部是郑周永和赵彦九两个人付的。

第二天,他们来到了长安寺。那人把他们带到了一个叫"庆圣旅馆"的小店,说:"我先去和主人说一声,你们就在这里等着,哪里也不要去。"

郑周永说:"我们的钱在来的路上都花光了,请快点给我们找工作吧!"

那人说:"这没问题。再耐心等两天,工作会有的。"

郑周永和赵彦九留了个心眼,他们悄悄地跟在那个人的后面,看着他走进了一个叫"万国会馆"的地方。从外面看起来,万国会馆相当华丽,郑周永想,要是能够在这里找到工作,住旅店的钱也就不用发愁了。

于是,两个少年放心地回到小店,一等就是3天,那人也没露面。他们一天的住店费是4角钱,小店的老板娘已经来催过几次让他们交店钱了。

郑周永只好和赵彦九去万国会馆找那位"西装绅士"。当那人看到郑周永两人时,却直往后躲。

郑周永质问道:"是你说要给我们介绍工作,我们才跟你到这里来的。现在我们的钱也用完了,你总得给我们找份工作啊!"

这个中年人只好说了实话:"我当时也就是跟你们随便一说,其实我真没有能力帮你们找工作。"

郑周永拿他没办法,只有回小旅馆向老板娘求情了。

老板娘看到他们除了身上穿的衣服外一无所有,从他们身上实在找不出什么值钱的东西,就把他们赶出了旅店。

被赶出来后,他们反而觉得轻松了。赵彦九说:"这里离长安寺很近,不如去那里看看和尚。"

可是拜完了佛祖还是饿着肚子啊!郑周永的眼光落在了供桌上的供品上。他们两人此时肚子饿得"咕咕"叫,一边咽口水,一边围着双手合十、闭目端坐的和尚打转转。最后,乘人不备,他们把供桌上的供品席卷一空。他们躲在没人的地方美美地饱餐了一顿,把剩下的吃食用布包好,在一间空房里美美地睡了一觉。

醒来之后,郑周永决定去金化投奔叔祖父。此处距金化还有85千米,郑周永他们带着供品就上路了。

这时因为有了吃的,两个人的心情也好多了。他们一边玩一边赶路。离叔祖父家还有5000米路时,两人被一条河挡住了去路。要想过河就得付船钱,可是他们身上一分钱也没有了。

赵彦九说:"还是向艄公求求情,让他把我们渡过去。"

郑周永说:"说情管什么用,你看我的。"说完拉着赵彦九的手向渡口跑去。

到了渡口,船上坐着一位50来岁的艄公。郑周永走在前面,昂首挺胸,大摇大摆地上了船。这时,小船上已经有几个船客了,郑周永两人走到船头坐了下来。

船家都是把客人摆过了河之后再收钱,所以艄公没问什么就出发了。郑周永他们静静地看着河水,一句话也不说;赵彦九不时看看郑周永,心里非常紧张。

船到了岸边,艄公开始收船钱,当他走到郑周永他们跟前时,郑周永说:"对不起,大叔,我们一分钱也没有。"

艄公一听就火了:"什么,没钱你还来坐船?"一边骂一边打了他们两个耳光,把他们赶下了船。

郑周永的叔祖父是爷爷的亲兄弟，因为住在金化，两家离得比较远，这几年一直也没走动。郑周永一进叔祖父家门，就被叔祖父一把抓住，连忙说："孩子，来得好，来得太好了。"

郑周永一下丈二和尚摸不着头脑，愣在那里。

叔祖父连忙叫人准备吃的。等到吃饱喝足后，叔祖父对郑周永说："孩子，我知道是怎么回事，我不能再让你去汉城。"

郑周永奇怪地问："叔祖父，您怎么会知道呢？"

叔祖父说："郑昌宁被他哥哥带回去后，你父亲断定你们一定会去汉城，他就连夜赶到我这儿来了，等了几天也不见你，昨天一早又动身去了汉城。他临走时嘱咐我，要是你们来了，一定不要让你们走，把你们送回去。"

郑周永一听这话，心里又打起了半夜出逃的主意来。这时，堂叔对他说："我很早就想去你们家看看了，在那里和你们待上两三天。明天我就送你们回去。你爸爸看到我把你带回去，不知有多高兴呢！天不早了，快睡吧！"

尽管郑周永心里打着小算盘，可是这10多天也没有好好休息了，所以头一碰到枕头，眼皮就再也抬不起来了。

他们一直睡到第二天上午。当郑周永懒洋洋地睁开眼睛时，发现父亲正坐在他的身边，不由得吓了一跳："您怎么会在这里呢？"

原来，昨天夜里，叔祖父就让堂叔去汉城把他父亲找了回来。

这次父亲什么话也没说，郑周永却乖乖地跟着父亲回去了。由此郑周永得出了结论：两次出走之所以失败，是因为没有钱。

坚持第三次孤身离家

郑周永第二次离家出走被父亲找回了老家。

两次出走虽都失败,但并没有动摇郑周永要摆脱现状、走出农村的决心,相反使从小就十分倔强的郑周永更加渴望能够早日走出家门。郑周永从小就很有主见,他认准的事情一定会千方百计地去办到的。因此,两次出逃失败后,郑周永总结了一下失败的教训。

他认为主要原因是盘缠不足,从而影响了出逃的速度。另外,结朋拉伙目标太大,易于被四面八方的亲朋碰到,同时蠢蠢欲动的举止容易被父亲识破。于是他决定改变策略。

从此,郑周永在父亲面前表现得毕恭毕敬,随叫随到,从早到晚都拼命地在田里干活,很少与朋友来往。半年过去了,夏去秋至,由于郑周永在父亲面前的表现,他的父亲开始放松了警惕。

这段时间,郑周永照常到区长家里去看报纸。有一天,他看到《东亚日报》上有一则广告,称平壤有一个会计速成班正在招生。

郑周永用他在小学时学到的日文，给平壤会计学校写了一封信，索取详细资料。

后来，郑周永又在报纸上看到汉城也有一所会计学校招生，而且半年就可以拿到毕业证书。平壤会计学校也寄来了详细说明，内容与汉城会计学校的差不多。

郑周永决定去汉城念会计速成班。当时农村孩子们上学，都是靠卖家里的鸡蛋攒钱；如果遇到婚丧嫁娶这类大事，就要卖家里的猪；要是买地、盖房等更大的事情，那就只有卖家里的牛了。因此，郑周永就打起了家里那两头牛的主意。

父亲原本想把家里的两头牛卖掉，再买一块地。郑周永还有两个叔叔没有成家，爷爷奶奶也都住在他们家里，而此时郑周永已经有了3个弟弟和一个妹妹。这么一大家子人，现有的那点地实在是不够。

郑周永在父亲卖掉牛还没来得及买地时，就悄悄从妈妈的宝贝箱子里把钱拿出来，数了数，大约有70元钱。

郑周永带着钱，再一次离开了家。这次，郑周永不再找同伴，而是孤身离家。

郑周永离开村子，搭了辆拉货的卡车来到元山，再坐火车，来到了汉城。他来到汉城德寿宫旁边的大经会计学校时，速成班已经开学3天。

郑周永马上去学校申请入学，校方看他从远道而来，破例让他入学，交完学费和其它费用，郑周永身上已经没有钱了。好在学校管吃管住，这一段时间郑周永可以不用为吃住发愁了。

因为是速成班，课程讲得相当快，前三天就已经把会计理论课程全部讲完了。郑周永只有起早贪黑补习，才赶上了落下的功课。

为了将来有可能找到好工作，郑周永把在私塾里背书的本事都拿了出来。每天早晨，他总是第一个起床；下课后，他总是最后一个离开教室。

就这样，郑周永在这里过了20天的学校生活。为了生存，放学以后，他还要去德寿宫旁的一家酒店里打工。

那天，郑周永打完工准备回家时，万万没有想到会在酒店的大门口碰到他的父亲。

郑周永不知所措地站在那里，半天才叫了声："爸爸。"

父亲说："什么也不用说了，去你住的地方吧！"

郑周永在路上才知道，是那张平壤会计学校的说明书泄露了他的行踪。父亲发现郑周永再一次离家出走，而且还拿了家里卖牛的钱，非常生气。他在郑周永的房间里发现了那份平壤会计学校的说明书，就直接找到平壤去了。到了平壤的那个学校，才发现郑周永根本就没有来。父亲着急了。学校的老师看到他急成那个样子，就提醒他去汉城看看，说不定那里也会有类似的学校。

郑周永看到父亲一脸疲惫的样子，心里非常难过。可是让他放弃现在的学习，说什么也不甘心。

他态度坚决地对父亲说："爸爸，我就是死也不会回去了。"

父亲看着儿子，沉默了好一会儿，才说："我活了50年，从来没有看到一个农村人到了汉城混出个样子的。咱们村子里倒是有几个人把房子卖掉，非要到城里的，可结果还不都是一样，灰头土脸地又回去了。你别再固执了，还是跟我回家吧。"

郑周永说："我当然知道您说的那些人。但我与他们不一样，再过几个月，我就可以从会计学校毕业，就可以挣钱了。爸爸，这次您就让我把书念完吧！"

父子俩坐在德寿宫前,谁也不再说一句话。

最后,还是父亲开口了:"你真的这样固执吗?"

郑周永说:"再有4个月,我就可以去找工作了。在家里又能做什么呢?我不想回家。"

父亲问:"找工作,挣工资,就那么好吗?"

郑周永咬了咬牙:"反正要比在家里做农民强。"

父亲又沉默了一会儿,说:"你是长子啊!不能什么事都由着你自己的性子来。我能够放下农活什么事也不管吗?这次家里盖新房子,是预备给你娶媳妇的,将来还要给仁永、顺永……我已经老了,你是大哥,这些事情将来就得由你来操心了。"

郑周永望着父亲双眼溢出的泪,他的心颤抖了。父亲在儿子面前落泪,这是第一次。

父亲抹了把眼泪,接着说:"天下哪有父母不希望自己的孩子有出息的?只要你能干大事,将来能够把父母、弟弟、妹妹都接到汉城正正当当地活下去,我这当爹的干吗要拦你呀?可是,你只念过小学。据说,那些从汉城专门学校毕业的人,也只能当个日本人的杂役,你就是从这个速成班毕业了又能怎么样呢?将来找不到工作,难道要让全家跟你喝西北风吗?可你不管这些,看来这个家是没个好啦!"

父亲蹲在德寿宫的大门边,一边说一边抹着眼泪,直至泣不成声。父亲还说:"你母亲撕着你脱下的衣服,大哭了好几次,说你真是让她操碎了心。"

郑周永这次真的被震撼了。他记得小时候,母亲每天晚上都在自家酱缸上放一碗清水,不为别人,而是单独为他祈祷:"我生了个好儿子郑周永,请神灵保佑他发财吧!"

有时,她哄着弟弟睡觉,或者摇着纺车纺纱时,都念着韵文祈祷:

> 保佑我家郑周永,
> 吃得甜,睡得香。
> 闯荡东西南北中,
> 一帆风顺无阻挡。
> 千里万里九万里,
> 到处为他歌声响。
> 三千里在眼前,
> 九万里在心上。
> 别人眼前伸绿叶,
> 别人眼前红花放。
> 就像大地结结实实,
> 一生一世健健康康。
> 金命百岁长,
> 纵横天地广。
> 挥手驱风雨,
> 开口吐书香。
> 千人爱,万人护,
> 天下万众皆敬仰。
> ……

想到母亲伤心的样子,郑周永就不能再固执了,他点头答应同父亲一起回去。

父亲同学校交涉，想要回学费。学校左扣右扣，最后只找回郑周永40元钱。

郑周永含着眼泪收拾好自己的东西。看见儿子这么懂事，父亲又心疼起儿子来："既然咱们已经来到了京城，我就带你去逛逛动物园吧！"

父子两人来到了动物园。动物园售票处的标价是"大人1角，小孩5分"。没想到动物园还要门票。

父亲对郑周永说："你自己进去看吧！爸爸上山打柴见过老虎，爸爸不进去了。"

郑周永望着父亲也说："我在画报上也见过老虎，我也不进去了。"

父亲望着郑周永，拍拍他的肩膀，说："我们一起进去吧！"

在汉城成立京一商社

1932年冬天,郑周永第三次离家出走,再次被父亲找回。他跟随父亲回到村里,按照父亲的话,专心农事。

1934年,松田面峨山区遭遇百年难遇的大旱。整个山区的土地都晒得裂了口,田里的庄稼几乎绝收,不要说朝饭夕粥的生活,现在连饮水都成了问题。祸不单行的是,一种可怕的"浮黄"病也开始在村里流行。

面对如此严重的自然灾害和病魔的侵袭,郑周永再也不能坐以待毙。一天晚上,已经好几天没有进食的郑周永跑到父亲跟前,跪着求父亲说:"爸爸,你让我出去挣钱去吧!我这个老大待在家里又有什么用呢?这样的天日,我就是死在家里也不可能改变全家挨饿的命运。"

其实,郑周永的父亲也早已考虑到这个问题,为了养家糊口,他再也不能一味坚持传统的规矩而阻拦儿子走出山沟了。就这样,多次主动出逃都没有摆脱穷山沟的郑周永,却在死神的帮助下获得了自由。

于是，年仅 19 岁的郑周永告别了父老乡亲，再次踏上了前往汉城的征途。

这次郑周永找了 20 千米以外的朋友吴寅甫，向他借钱。吴寅甫的婚姻是家里包办的，夫妻之间没有感情，意见也不合，他正想找个机会离家出走，于是就同郑周永一起同行。

他们一起坐火车去了汉城。到了车站，郑周永和吴寅甫商量："大家在一起，反而不好找工作，还是分别行动较好。"

吴寅甫同意了，于是两人就在车站分手。郑周永决定先到仁川去试试，一是因为汉城的工作不好找，另外他身无分文，老是用吴寅甫的钱也不好意思。

在仁川，为了一日三餐，郑周永几乎把所有能干的活都做遍了：从装卸货物到给人搬家，只要是人能干的，他从不挑拣，遇到什么就干什么。

可拼死拼活地干，也只能勉强糊口。郑周永想，这样下去，填饱肚子都成问题，更不要说养家了；还是回汉城做零工比较好一些。于是，郑周永又返回了汉城。

在回汉城的途中，郑周永听说有一个农户需要短工，包吃包住还有工钱，他就没有急着去汉城，而是留在那家做活。很快，他的精明能干在村里出了名，村民们纷纷找他打短工。

郑周永干了一个月，手里第一次攒了一些钱。回到汉城后，他先到普成专科学校图书馆工地搬砖、运木材。吃住都在工地上，一干就是两个月。

后来，郑周永又进元晓路，在龙山驿附近的丰田麦芽糖工厂当了一名杂役。同时，在打零工闲暇时他就到处寻找稳定一些的工作。

一天，郑周永在墙上发现一则广告，有个工厂要招见习工。本以为在工厂那里能学到一些技术，可谁知，每天除了把几根铁丝拧到一起，就再也没有其它的事情让他做了。刚开始，郑周永以为学徒工都是这样，可是一干就是一年，郑周永实在干不下去了，于是他又开始寻找新的工作。

后来，郑周永终于找到了自己还算比较满意的工作，那就是在"福兴商会"的粮米购销商行做一名送货员。

福兴商会的老板李景诚是靠卖芹菜起家的，除了福兴商会，他还有一个大米加工工厂。郑周永想：李老板当初也是赤手空拳打天下。只要我努力工作，将来一定会有出头的那一天。

从这时起，郑周永有了比较稳定的生活。这里的待遇是一个月12元钱，每天三顿饭在店里吃。郑周永想：一个月就可以买一袋米，那一年就能挣12袋米，还是离家出来闯对了，相信父亲知道之后，也会理解支持我的。

上班后第二天，绵绵细雨下个不停。因为太潮湿，许多粮食都需要通风。一大早，郑周永就摇动风箱，风干刚刚收进来的一批黄豆。

这时，店主走过来对郑周永说："有客人要粮食，你给送一趟吧！这是地址。"

郑周永望着窗外漫天的雨丝，有些犹豫。郑周永用自行车驮这么重的粮食还是第一次，但又怕说不行会失掉这份工作。无奈，他只好硬着头皮把店里那架又笨又旧的自行车推出来，把要送的粮食往车上一放，就出门了。

虽然以前摸过自行车，但是郑周永从没带过这么重的东西。推着走吧，怕用的时间太长，被店主怀疑偷懒；骑着走吧，还真没有太大的把握。

郑周永只好一手推车,一手扶着米袋,一路小跑把粮食送到,又一路跑回粮店。因为是下雨天,路上耽误些时间,店主也没有说什么。

从这天夜里开始,郑周永下定决心,一定要学会骑自行车。白天不能练车,只有晚上练。就这样一练就是一夜。

没几天,他就可以自如地驮着沉重的米袋给顾客送粮食了。不出两个月,郑周永的车技在商会里已无人能比。

郑周永习惯早起。每天早晨,在其他人还都没起来之前,他就已把店里店外打扫得干干净净,并把各种粮食摆放得整整齐齐。

店主有个儿子与郑周永同岁,但懒得什么也不愿做,账本总是乱丢乱放,账也记不清楚。店主没少为这个不争气的儿子操心。郑周永来这里做工以后,把每天要出多少货、进多少货,每一样货各有多少,打理得清清楚楚。

起初李老板只让郑周永记每天进出货的流水账,后来干脆把店里的账本都交给了郑周永。

郑周永接过账本,非常感动,这意味着李老板已经把他当成自己人看待了。

由于郑周永既勤劳又诚实,李老板就奖励给郑周永一辆新自行车。得到新车,郑周永的干劲就更足了,每天早起晚睡,进货送货,忙个不停。因此,不仅李老板非常信任他,一些老客户也对他交口称赞。郑周永还与当时的几个大客户建立起了良好的信誉关系。

几个月后,米店老板给郑周永提高了工资,每月18元钱。

郑周永既为找到一份称心的工作而欣慰,又感到对不起父亲。

但是他怕父亲知道他的住处后还会来抓他回去,所以一直不敢给家里写信。后来到了年终发大米时,郑周永一共运回家18袋大米。

父亲辛辛苦苦地在地里苦干一年也得不到这么多的粮食。他看着已经长大的儿子,满意地点点头,再也不说"跟我回去"这句话了,而是说:"看样子你真出息了。"

1937年年底,郑周永在福兴商会已经干了3年。他学到了很多经营米店的知识,也结识了一些人。

这时,郑昌宁写信求郑周永帮忙找工作。

郑周永想来想去,还是与米店的李老板说了。李老板说:"只要是你介绍来的人,一定错不了。"于是郑昌宁也来到米店做工。

1938年年初的一天,李老板突然对郑周永说:"你在客户那里已经有了很好的信誉,不如把这个店过给你。你就在这里重新开张,办个米店吧!"

原来,老板的儿子来往于汉城与满洲之间,把家产都挥霍光了,老板一气之下不打算继续经营下去了。

这可真是天上掉下来的机会。郑周永没花一分钱,只是凭他在这里建立起来的信誉,由米店的伙计成为了米店的老板。

于是,郑周永接过福兴商会的老主顾,又得到粮米加工厂先赊粮、月底算账的承诺之后,就在新堂洞路边租了一间店铺,挂上了"京一商会"的招牌。那一年,郑周永才23岁。

郑周永利用从前结识的老客户,办起了自己的米店。刚一开始,他从三昌精米厂进上好的大米,再把它卖给汉城女商和培花女高。由于良好的信誉和服务,京一商会逐渐发展起来。

郑周永把乡下的堂弟也接到汉城与他一起经营,扩大了经营对象的范围,不断发展新主顾。他不停奔波,从黄海道延白产稻区大量购进稻谷,在汉城加工后批发兼零售。

京一商会的生意越做越兴隆,郑周永在家乡买了2000坪水田,并遵父命同松田面面长边柄权的长女边仲锡结了婚。这时郑周永对自己充满了信心,他想:"要是一直这样下去,不用说是汉城第一,说不定还会成为全国第一呢!"

世事难预料。自从1937年"七七事件"爆发,日本全面发动了侵华战争,朝鲜半岛就成为日本侵略中国的前沿。为了保证战争的需要,日本军政府将朝鲜半岛纳入了战时经济体制。

年底,总督府下达了战时命令,特别是对粮食等军需物资等从生产、流通到消费实行全面管制。先是禁止向中国出口大米,限制大米价格,后来又下令全面禁止粮食自由买卖,在日本本土及朝鲜半岛实行粮食配给制。

在这种情况下,全国大大小小的粮店都被迫关门了,京一商会也没法再做了。郑周永只好把它兑出去,之后回到了家乡。

京一商会是郑周永人生的转折点,使他摆脱了为别人打工的处境,成为一个独立的企业主。

买下阿道汽车修配厂

1939年年底，关掉京一商会时，郑周永的手里剩了大约1000元。手里有钱，总想做点事。郑周永就开始考虑做什么最能赚钱，赚大钱。

1940年初，郑周永又来到汉城谋生。

有一天，郑周永恰好遇到了两个熟人，一个是京城工业社的发动机工员李乙学，一个是工厂的勤杂工金明贤。他们说，在北阿岘洞山坡有一个日本人开的"阿道服务"汽车修理厂，由于经营管理不善，日本人想要卖掉。

李乙学对郑周永说："汽车修配厂投资不大，但盈利颇丰，值得一干。而且我还可以负责招集技术人员。"

郑周永认为机不可失，立刻着手准备买下这家工厂。郑周永请人初步计算了一下，买进这家工厂就需要3500元，再加上其它一些费用，一共需5000元钱。到哪里能筹集到这么大一笔钱呢？

郑周永想来想去，找到了三昌精米厂的老板吴润根。吴老板一听郑周永要用钱买厂，二话没说，就借给郑周永3000元钱。郑周永又向当年一同来汉城的吴寅甫借了500元。这时，李乙学又和金明贤凑了500元，算是与郑周永合资购买工厂。

1940年3月1日，郑周永与日本人签订合同，用3500元买下了这个汽车修配厂，并在当日办好审批，开始营业。

李乙学是远近闻名的汽车通，许多人慕名前来修车。开业第二天，就有"日进氮素矿业公司"的两辆大卡车送来修理。紧接着，又有一辆掉进江里的私人车也送来修理，甚至当时的权贵尹荣德的一辆高级小轿车也送来检修。

开业20多天，几乎昼夜不停地干活。郑周永对汽车一窍不通，修车也帮不上忙，只好站在厂门口迎接前来修车的客户。他就像饭店门口的招待一样，一边鞠躬，一边大声地迎接客人："欢迎光临！您来这儿来对啦，我们这儿的技术是一流的。一辆崭新的车会等待您的，会叫您一百个满意的，把心放到肚子里去吧！"

郑周永当时住在岘底洞的一个小山丘上。郑周永在汉城学会计时曾住在这里，婚后的蜜月也是在这里度过的，对这个地方很有感情。他自嘲地对妻子说："我们家是全汉城离老天爷最近的地方。"

虽然这个地方离修配厂有段路程，可是，郑周永还是不愿意搬走。从他住的地方到工厂，坐车只要5分钱，可郑周永从来不坐车，不管多远的路，都是靠一双脚。他每天早早就起床赶到厂里，一待就是一整天，直至半夜才能回家。

生活虽然艰苦，生意却越来越红火。很快工厂就由赤字变为盈利，半月多一点就已偿还了一半的借贷。

3月20日晚上，郑周永跟着两个技术工学上漆，干到很晚才结束。郑周永没有回家，就睡在了值班室。第二天早晨，他想烧点水洗脸，顺手抓起了旁边的信那水倒进了火炉里，火焰一下子蹿了起来，顺着信那水一下子烧到了信那瓶上，郑周永本能地把它丢了出去，这引起了一场大火。无情的火烧掉了厂房，也毁掉了正在厂里修理的几辆车。

郑周永望着被烧毁的厂房，呆住了。买这个工厂的钱才还了一半，现在又要赔偿被毁掉的汽车，这可怎么办呢？

发生火灾以后，郑周永被龙山警察署抓去接受了严格的调查，后来警察说："经调查，这火不是故意放的，况且只是烧掉了工厂，没有伤人命，现在把你放了吧！"

时间不允许郑周永伤心，他想："我绝不能就此倒下去，不能受了一点挫折就结束我的事业。"

为了尽快恢复工厂，重新开工，郑周永只好再次向吴润根求助。吴老板是个高利贷商人，可是对郑周永，却是例外。这是因为郑周永多年来在吴老板处已建立了牢固的信誉。

郑周永来到吴老板的住处，对他说："灾从天降，一场大火，烧毁了厂房。如果我就此倒下，那借您的钱也还不上了。我想重新开张，请您务必再借些钱给我。"

吴老板一声不吭，静静地瞅着郑周永，过了一会儿笑着说："我是一个高利贷商人，我一直是只凭信用借钱给人家，而且到今天为止没有一次收不回的，这也是我的骄傲。好吧，我如果没有看错的话，你还是很讲信用的人，我绝不会乘人之危把钱抽回来。希望你不要给我的有生之年留下被骗的污点。"

郑周永捧着从吴老板处借来的3500元钱，眼睛湿润了。他由此得出一个结论："信誉就是财产，有信誉就有一切。"

工厂被毁，对郑周永的打击很大，重新修复工厂，遇到的麻烦更多。可是郑周永回到家里从来什么也不说。因为，贤惠的妻子已经给了他一个幸福温暖的家,他怎么能够忍心去破坏每天暂短的温馨时光呢!

郑周永开始准备重建新厂。他本打算在原来的地方重新将工厂修复起来,可当局不允许在发生过火灾的地方再建工厂。

郑周永只好另外寻找厂址,他领着50名工人,到处查问,最后在新设洞找到了一块空地。

新厂址找到了,在没有经营许可证的情况下又开始营业。当时在汉城,除了"阿道服务"修配厂外,还有"庆圣服务"和"庆圣工业社"两家规模和设备都优于"阿道"的汽车修配厂,行业间的竞争相当激烈。

汉城市的小轿车数量有限,算上旧日的王室贵族、日本总督府内局长以上的高官,以及日军司令部的车,总共也不超过20辆,另外就是为数极少的大银行、大公司有轿车。

郑周永摸清了这一情况之后,制定了招揽生意的方针,就是一个字:"快"。那些达官显贵们对修车的要求也是一个"快"字。其他厂10天能修好的车,郑周永他们3天就能交货。他们的收费自然要高一些,可是因为满足了有钱人的要求,所以生意越做越火。

郑周永准备大干一场,好还掉新旧债务。可是,由于在新设洞建厂时没有得到当地派出所的同意,派出所的巡警找上门来了。警察说:"要么立即关掉工厂,要么抓你坐牢。"

郑周永想:"就是死也不能解散工厂。"要像臭虫那样锲而不舍地努力,就一定会成功。

"臭虫"精神是郑周永在仁川做工时总结到的。当时因环境不好,工棚里有许多臭虫,为了躲避这些小动物们的袭击,郑周永用尽了心机。他先是用热水把床板彻底地烫一遍,然后,再在木床的4条腿下分别放上4个盛满了水的盆。这个方法果然见效,臭虫们不等挨近郑周永就纷纷掉进盆里淹死了。

可是好景不长。郑周永只睡了两个晚上的安稳觉,第三个晚上他又被可恶的臭虫咬醒了。郑周永起来一看,忍不住笑出了声。这些聪明的小昆虫在连续两个晚上的失败后,改变了进攻路线,它们全都集中在天棚上,对准了郑周永的床奋不顾身地往下跳……

哈,这小东西太可爱了。郑周永简直有些崇拜这些聪明的臭虫了,它们为了达到目的锲而不舍的做法启发了郑周永。

郑周永一边继续经营汽车修配厂,一边不停地带着礼品拜访东大门警察署的保安警长近藤。

起初,这个日本人既不收礼,也不答应给郑周永他们开办厂许可证,弄得郑周永也不知怎么办才好。

后来,郑周永干脆什么东西也不拿,每天准时到派出所报到,找近藤求情。

一个月以后,这个日本人被郑周永的韧劲所感动,终于开口说话了:"我算服你了。本来我可以拘留你的。未经许可私自建厂是违法的,但你每天都来,又没做什么坏事。只是违反了法规,这也是事实。这样吧,也算是维护一下警察的面子,你机灵点,把工厂朝大路一边用木板墙围上,再补办个手续吧!"

通过这件事情,郑周永得出的结论是:做事情不要相信命运,更不要怨天尤人,要靠自己的努力。如果一个人有不怕死的精神,那么任何事情都难不倒他。

有了东大门警察署的默认,郑周永就可以安心经营了。白天,他到处转转,尽可能地多认识人,积极地上门接单,收取修理费。

晚上，和其他职工一起吃饭，一起干活，手上沾满了油，通宵达旦地工作。不久，他就几乎完全掌握了汽车内部零部件的构造及其功能，也学到了很多汽车专业知识。

不久，郑周永在新设洞的工厂附近买了一幢房子。他的事业红红火火，要求修理的车辆接连不断地找上门来。他们忙得团团转，挣的钱也越来越多。借的钱早已连本带利地还给了吴润根。

一晃3年过去了，小小的"阿道"汽车修配厂给郑周永带来了极大的利润。

可是，到了1941年，日本发动了太平洋战争。1942年，日本当局公布"企业整备令"，并强制将所有企业纳入军需企业之中，凡是能够换成钉子、铁丝、铁板等军需品的一切物资，全部由朝鲜总督府来统管。

1943年年初，郑周永的"阿道"被强制性地与当时的"日进工作所"合并。企业被合并后，李乙学和金明贤把股金抽走了。

后来，郑周永看到与日本企业合并，自己也不可能有大发展，随后也离开了"日进工作所"。

1943年，郑周永离开了倾注大量心血的汽车修配厂。回到家乡后，便得知二弟仁永、三弟顺永可能会被日本军队征去当兵。

郑周永经营汽车修配厂时，认识了资产银行行长，听说他的儿子创办了"宝光矿业株式会社"，他就去求情让两个弟弟在他们矿山上干活，因为这样可以免除兵役。

后来，郑周永又听说，黄海道遂安郡笏洞急需汽车将矿石运走，郑周永也有办个运输公司的想法，于是双方商定，郑周永承包把矿石运到平壤船桥里的业务。

5月，郑周永签订了承包合同之后，向该公司交了30000元的保证金，自己出钱买了 30 辆新卡车和 10 辆旧车。

这条 130 多千米的路况非常糟糕，许多地面险象环生，而日本公司又要求得相当严厉，矿务所的所长和他当管理负责人的同学没事总挑毛病，一会儿说装多了，一会儿又说装少了，一会儿又说为什么把矿石撒到路上……横挑鼻子竖挑眼。

为了保住车队不被征用，保住这份产业，也为了两个弟弟不被抓去当兵，郑周永全都忍下了。

1945 年 5 月 15 日，与合作不到一年的日方各种纠纷不断，郑周永的忍耐终于达到了极限，他觉得再辛辛苦苦支撑下去也没什么意思了，于是就把车队以及合同转让给了别人。他自己带着转让车队的钱和保证金回家了。

3 个月后，日本战败投降，日资产业全部关闭。那座矿洞也变成了废矿，在那里工作的日本人全被苏联红军抓去当了俘虏。

幸亏郑周永抽身得早，否则，几十万的心血就全白费了。郑周永将这说成是"神"的庇护。

成立现代建筑株式会社

1948年8月,日本宣布无条件投降,也结束了对朝鲜长达36年的殖民统治。

5月,郑周永来到美军兵器库,承包了那里更换吉普车发动机以及汽车维修的业务。当美军拍卖资产时,郑周永又看准时机,买下了位于汉城中区草洞106号的一块地皮。这是一块杂草丛生的荒地,原有的几间房屋早已被拆掉。

郑周永在无业状态下持续了整整一年。早在1941年,郑周永就把父母从家乡接到了汉城,半年后,就为仁永和顺永举办了婚礼。结束矿石运输业两个月前,他还把因上学而留在家乡的四弟世永和五弟信永都接来了。加上三弟郑顺永、妹夫金永柱等,兄弟5人和父母、孩子们,一家20口人住在敦岩洞一个狭小的瓦房里。这座瓦房是郑周永在经营新设洞汽车修配厂时购买的。

经过几个月的修整后,郑周永和妹夫金永柱、三弟顺永,以及同在矿山做工的崔基浩、同乡吴寅甫,还有技工,共计10多人,就在买下的那片空地上建起了自己的厂房,1946年4月挂上了"现代汽车工业社"的牌子。

朝鲜光复后,长期流亡在外的韩国人大批返回汉城,许多商人也趁机来到汉城。汉城人满为患,对各种物资需求大幅增加,物价上涨飞快,从1945年至1948年,物价指数上升近10倍。

商人们为了赢利,将大批物资运往汉城,在通往汉城的公路上,各种车辆川流不息,一时间对汽车的需求量也大增。1945年8月,韩国仅有汽车4500辆,而到1947年的3月就增至9000辆。

郑周永及时抓住了这个绝好的发迹机会。当时有许多旧的日本汽车需要改装,比如说,将货车的载重量从1.5吨扩大至2.5吨。而且由于汽油紧缺,将汽油车改装为木炭车或炭化物车的业务特别多。

由于业务量不断增加,不到一年,现代汽车工业社就由当初的30人发展至80人。

但是,就在6月28日,郑周永的父亲去世了。父亲是郑周永生平最大的恩师,他的去世使郑周永一下子失去了精神支柱。他好长时间都感到无限空虚,彷徨不定,不知所措。

他暗暗悔恨:"如果知道父亲这么快就离开人世,那他就不会只顾着忙生意。每天晚上应该早早地回家,拿出最好的饭菜、最好的水果、最好的食品、最好的衣服,更好地孝敬他老人家。"

事业越发展,郑周永就越怀念父亲,他总是在想:"如果父亲活着该多好!"

当时,无论是建设业还是汽车修理业,绝大部分项目都出自政府或美军。美军为了扶植朝鲜企业,规定了向企业拨一定款项、帮助企业发展的政策。

郑周永主要经营的是汽车修配,即使再求情找关系,也只能弄到30万至40万元的军政府财政支持。而他有一天发现，一个普通的建筑公司的人，一次就能获得上千万元的政府工程支助。

郑周永动心了：付出同样的劳动，为什么收入却这么悬殊？别人能做的事情我也能做。

于是，1947年5月25日，郑周永在现代汽车工业社的旁边又挂上了一块牌子：现代土建社。

郑周永把自己的这一想法跟大家一提，立即引起了大家的反对。吴寅甫和妹夫金永柱都认为：建筑行业投资大，工期长，需要经验和技术，更需要大笔资金，况且当时物价极不稳定，搞建筑风险太大。既然汽车修理业已经搞得红红火火的，还是在这一行里多下功夫吧！

郑周永却有他自己的想法："做什么没有冒险呀？！土木工程对我来说并不陌生，我曾在基建工地干过活。再说土木工程现在也不过是修理和营缮罢了。投标、中标、结账，还不是一个样？我要借用政府的大笔资金成就一番大事业。"

当时，战后许多房屋需要修缮，而美国要长期在朝鲜驻军，许多营房、机场、仓库等军事设施也急需修建。建筑业空前繁荣。建筑业稍具实力的要数新建工营、广进土建、三焕企业和三刚企业等几家建筑企业。他们通常把从政府那里包到的工程再转包给下面的中小建筑商，郑周永的"现代土建"就是这3000个小型土建企业中的一个。郑周永建立现代土建的当年，就争取到一项1530万元的工程项目。

1948年5月，北方中断了对韩国的供电，韩国单独进行了选举。7月份公布了新制定的宪法，8月份李承晚宣布了韩国独立。

这时，郑周永在光华门和平新闻社大楼租了两个房间，并把现代土建的办公室搬到那里正式营业。郑周永手下只有10余名工人,懂建筑的技术人员只有一名。在激烈的竞争中,第一年的成绩并不是太好,只够维持生存。

经过两年的艰苦努力,郑周永在建筑业逐步站稳了脚跟。

1950年1月10日,郑周永将现代汽车工业社和现代土建合并,成立"现代建筑株式会社",韩国政府为重建国家,要整顿建设行业。郑周永扩大了公司规模,完善了管理体制,登记资产3000万元,流动资金为750万元,他本人成为正式法人。

郑周永这时雄心勃勃,准备大干一场。不料,1950年6月,朝鲜战争爆发。此时郑周永正在承建汉城敦岩电车终点站的乘务员休息室。为了能按时交工,郑周永几乎长在工地上。

郑周永在录音机里听到了朝鲜人民军南下的消息,却做梦也没想到国军防线那么容易被打垮。

住在敦岩洞的妹妹一家听到了从贞陵洞上方响起的炮声,慌忙逃到了郑周永在奖忠洞的家里,妹夫说:"大哥,买点粮食备用吧!"

郑周永却说:"慌什么,难道我们国军都是在睡大觉吗?汉城是首都,能那么容易让出去吗?别胡扯了。"

6月26日,尽管炮声已在远处隆隆作响,逃难的人流不时从工地前涌过,可郑周永仍然与工人们坚持在工地上,加紧施工。

这时,在《东亚日报》外讯部当记者的二弟郑仁永急匆匆地跑来,告诉郑周永:"大哥,赶快撤走吧!人民军坦克已经开到弥阿里了!"

郑周永这才意识到事态已经到了非常严重的地步。他立即遣散工人,回到新设洞的家。他想带着中风病倒的母亲去避避难,但母亲说什么也不肯离开。

郑周永觉得家人用不着担心，于是安顿好他们后，与二弟一起随着逃难的人流，开始逃命。

这时才想起妹夫"买点粮食备用"的建议，后悔莫及。因为当时家里只剩下半麻袋大麦和两半袋粮食了。

郑周永、仁永和崔基浩徒步来到了西水库码头。汉江桥已经被炸断了，倾盆大雨下了整整一夜，洪水上涨，咆哮奔腾的江水让人恐怖。残兵败将拖着枪与难民们挤成一团，而过河的工具只有一艘小船。

船主这时也放弃了发财的机会，不知道逃到哪里去了。他们急速跑过去，把小船推到河里跳了上去。没有桨，就用双手拼命地划。下了船，步行到水原，从天安坐火车继续南逃。一直走到大田，在那里待了一周，终于赶上最后一趟火车来到了大邱。

承接装修云岘宫工程

  1950年7月初，美军在釜山登陆。釜山这座本来不大的城市到处都挤满了美军。所有的学校都被征用，甚至连学校的操场上也搭满了军用帐篷。

  这时，郑周永三人也来到了釜山。郑仁永遇到了他的一个朋友，朋友在陆军做大尉，他建议他们坐动力船绕海岸线走。

  这天，郑周永身上又没有钱了，他就拿了手表想到当铺换点钱。但当铺老板说它根本值不了几个钱。郑周永气得回身就走，这时在门口发现了美军第八军司令部招聘翻译的广告，于是马上让仁永去。

  仁永到了司令部，将《东亚日报》记者证亮给审查官看，顺利地就被录用了。仁永考虑到哥哥是搞土建业的，就选择了工程兵部队。当时大批美军在这里住宿，宿舍非常短缺。

  郑周永就利用二弟这层关系，见到了美军后勤司令部麦卡里斯特中尉。

  麦卡里斯特问郑周永："你会做什么？"

郑周永非常自信地回答："什么都会做！"

于是，郑周永比其他人优先得到了承建美军军营10人宿舍的业务。后来，他的现代建筑成为唯一被纳入美军第八军营建队伍中的韩国建筑企业，第八军所有的建筑项目几乎被他一人垄断了。

当时，他们把停了课的学校教室打扫消毒，然后粉刷、上油漆，地面上铺一层木板，上面搭个棚子，就改装成了宿舍。工程量大，工期短，郑周永忙得一天只能睡上3个小时。

这样不分昼夜忙了一个月，郑周永的钱袋又满了。这时，他又想起了家人："不知道他们吃完了那点粮食后，能否支撑着活下来。"接着又自己安慰道："不会有事的，总会想办法活下来的。我们又不是大地主权贵，不会有事。"

郑周永还同交通部和外资厅签订了在釜山码头承建外援物资储备仓库的业务，建成后还将代行仓库保管工作。根据合同，郑周永从当局那里取得了一笔"政府支援金"，并且每月还可领到200万元的仓库管理费。至于物资出入的搬运费、保管费等其他费用另行计算。

美军的外援物资很快就运到了。在战争初期，韩国的军政机关一度迁至釜山，美军以及被匆匆动员起来的"国民防卫军"也集结在这里，大批难民如潮水般涌来，各种物资的流通量骤增。

郑周永看准了这一有利时机，在釜山成立了现代商运株式会社，买了两艘30吨至70吨的小型运输船，在南部沿海一带搞起了运输业务。他的小船经常穿梭往来于济州、镇海，运送大批的粮食、食盐以及布匹等生活必需品。当时的釜山港显出一派战时的繁忙景象。

9月，当联合国军回汉城后，郑周永也随着先遣部队回到了家里，但家人都不知道到哪儿去了。他心里一惊，慌忙去找。到了草洞工厂一看，顺永和妹夫还在那里守着空无一人的工厂呢！他们一家20来口人和崔基浩一家在家里。

死里逃生的亲人终于重逢，郑周永打开身上的大包大声说："看，钱，都是钱哪！"大家都万分激动。

之后，郑周永又趁美军北进之机，将住在"三八线"以北的母亲和幼弟接到汉城。

郑周永将设在和平新闻社的现代建筑办公室迁到原来设在草洞的汽车修配厂那里，招回遣散的工人，重新开始汽车修理业务。当时主要是修配军用车辆，但郑周永仍把主要精力放在联系建筑业务上。

回到汉城后，郑周永获得的第一个工程是将汉城大学法学院和文理学院大楼改建成为美第八军的前方基地司令部。这项工程完工后，郑周永凭着他在釜山与美军建立的关系，又得到为美军第八军所属部队修建简易营房的工程。直至第二年美军撤出汉城，共建这种营房300多座。郑周永从这项工程中挣了100多万元。

1951年，中国的志愿军来到朝鲜，联合国军又不得不后退。郑周永带着全家人和公司所有职员都一起南下到了釜山。

两个月以后，汉城又收复了，郑周永带着家人和职员又回到汉城。这时，工程又多了起来。

1952年12月，艾森豪威尔当选为美国总统。在竞选时，他向选民夸下海口，要以和平方式结束朝鲜战争。为了实现这一诺言，他决定亲自去朝鲜半岛一趟。

美国总统要来，忙坏了美军第八军的将领们，为总统选择下榻地点是重中之重。经过一番筛选，决定将总统的下榻地点定在云岘宫。

云岘宫是李朝末期高宗的生父大院君李昰应的宫院。从外表上看,这座建筑物仍有当年的威仪,可是,内部设施早已陈旧不堪,许多东西都是100年前留下的旧物。

因此,美国人决定对其内部进行全面装修,要求从卧室、厕所到供暖设施都要符合美国人的生活习惯。

可是,最难办的还不是这些,而是时间。艾森豪威尔半个月后就到了,这项工程必须在之前完工。

美第八军负责人找到郑周永,并提出了非常严格的要求:"如果工程不能在15天内完成,不仅不付施工费用,而且还要交一笔与施工费用相等的赔偿费;如果按时完工,费用加倍。"

郑周永一口答应了下来:"一言为定!我们可以现在就签合同。"

签约后,郑周永却有些为难了。当时韩国还没有一所类似西方建筑的宾馆,美国人要求的有些东西他们都没见过。经过调查了解,他们这才知道厕所的妙用,也是第一次知道了卫生间修在室内有多方便。可是像锅炉这类东西又到哪里去买呢?

郑周永想了又想,最后决定去龙山看看。汉城的龙山,是富人们聚居的地方。因为躲避战乱,目前大部分人家都已逃走,许多住宅都空了下来。

郑周永他们在那些考究的房间东看西看,终于发现了要找的东西,这里锅炉、水泵等一应俱全。郑周永高兴的同时,也感慨富人们的生活。

他们把能用的东西都卸下来,每卸下一样,就在原地贴上一张纸,标明日后一定会偿还。材料备齐了,郑周永他们又开始昼夜不停地施工。

工程快要结束时，郑周永满心欢喜地查看重新装修的卧室。这时，一个工人慌慌张张地跑来告诉他："不好了，锅炉裂了！"

离工期只剩5天时间了，怎么办？

多年的经验告诉郑周永，越是在这种时候，主帅越是要沉着，一定要给手下人信心，鼓励他们战胜困难。在这种时候千万不能去责备他们。

果然，负责锅炉的工人在郑周永的鼓励下，仅用两天时间就把锅炉重新修好了，整个工期比预定的期限提前了3天。

当美第八军负责人验收之后，乐得嘴都合不上，冲着郑周永直竖大拇指。

修复洛东江高灵桥

1953年停战协定签订后，大部分美军撤到了日本。郑周永除承接美军工程之外，还承揽了一些韩国政府的紧急修复工程。

高灵桥是大邱通往居昌的咽喉要道，还可连接智异山。它由13座桥墩架起，每个桥墩相距60米，桥下江水湍急，水深达10米。当时高灵桥的水上构造已经全部被炸毁，只剩下桥墩。被炸毁的水泥构件都落到水下，堵塞了河道，也妨碍施工，必须先清理掉这些残落的部分，才能保证顺利施工。

这里水位四季变化明显，冬季枯水期，水很浅，不少地方都露出河床；可是一到夏季，河水猛涨，流速极大，工程的难度可想而知。

尽管如此，大家都想得到这项工程的承包权。这个工程是国家项目，工程费用相当可观。

1953年2月，曾任内务部土木局局长的崔京烈得到了制造这座桥梁桥体的特许权。此人对交通部所有大型施工设备非常熟悉。

郑周永为了能把这项工程弄到手，不失时机地聘请崔京烈做自己现代建筑的顾问。按照惯例，凡握有特许权者就有可能优先获得施工权。

几经波折，郑周永终于获得了高灵桥工程的施工权，并签订了合同。这是郑周永从政府手中得到的一项最大的工程，规定工期为26个月，预算资金为5478万元。

当年4月，郑周永开始了洛东江高灵桥修复工程。

这时，郑周永的现代建筑的装备只有从美第八军那里买下的一台20吨重的起重机、一台搅拌机和一台固定式压缩机。这么大的一个工程，只有这些设备是远远不够的。

郑周永三顾茅庐，请来了一位名叫金永弼的技术员做公司常务副经理兼现场指挥。金永弼毕业于日本统治时期的京城高等工业学校土木科，曾在日本清水公司朝鲜分社任职，多次参加架桥工程，对架桥有一定的实际经验。

之后，郑周永又招聘来毕业于日本早稻田高等工业学校专攻桥梁工程的李演术做技术主任，朋友吴寅甫为经理。

4月份，一切准备就绪，工程以极其原始的施工方式正式开工了。工程刚一开始，就遇到了困难。高灵桥有的桥墩严重损坏，有的被破坏的上部构造物盖住只留下骨架的桥墩，只有先清理现场才能施工。这样一来工程量增大一倍，修复比重新建桥还困难。

一切全靠人力，冬季的洛东江因沙土沉积而河床变高，水浅流争。夏季涨水涨到冬天的好几倍，一到汛期，山洪暴发。要把两个60米高的铁架子设置在水深10米的深谷里，浇铸13个钢筋混凝土桥墩，刚刚修好，就被洪水冲毁，一切只好重来。困难重重。

一年过去了，13座桥墩还没有完全建好，物价却上涨得飞快。

1953年7月后，遵照停战协定，大批美军撤往日本，一直是郑周永的摇钱树的美军工程渐渐减少。而韩国国内的经济形势非常严峻。政府为了恢复建设，连续不断地扩大财政投资和融资，加大向市场投放货币。

1954年后，通货膨胀率已至91.5%，物价增长率达50%。开工时，预算的油价为每吨700元，可是到了工程快要结束时，已经高达每吨2300元，整整高出3倍。

这时，现代建筑面临着严重的财政危机。不安的阴影笼罩着高灵桥工地。工人们的工资随着物价的上涨而进一步增加，郑周永手中的资金已经周转不开了。拿不到钱，工人们就采取怠工的方法拖延工期。

1954年8月，为了减少开支，郑周永将现代建筑总部从光华门和平新闻大楼搬到中区小公洞三和大楼的两个小房间里。到了11月，郑周永再也没有现钱给工人们发工资了。

为解燃眉之急，郑周永开始在高灵桥工地发行"代用券"。这种代用券只能在工地范围内流通。倒卖"代用券"从中渔利的事情时有发生，工人们的不满情绪进一步增强。

虽然郑周永还可以拿到外资仓库的保管费，还有草洞汽车修配厂和现代商运可以拿到一笔钱，可这些钱与工程庞大的高灵桥相比，简直就是九牛一毛。

许多人认为：郑周永这次一定栽了。他的竞争对手也在幸灾乐祸地等着他失败的消息。

郑周永一直以"信誉就是财产"为座右铭，他宁可自己承担一切损失，也要在合同期内将工程完成。为了解决资金问题，郑周永又开始马不停蹄地四处借钱。

工人们又开始罢工了。上次的罢工，就是靠用现金收回代用券解决的。

现代建筑早已债台高筑，面临破产。办公室里挤满了讨债的人。郑周永走投无路，漫无目的地走在大街上。

经过一段思考后，郑周永把弟弟郑仁永、郑顺永和妹夫金永柱以及副社长崔基浩找来，同他们商量："为了渡过眼前的难关，我准备把草洞的汽车修配厂和现代商运的3艘船卖了，你们看怎么样？"

大家都表示反对。汽车修配厂和3艘船，是目前现代建筑唯一的资金来源，仓库所有权归政府，业务管理权随时都有可能被收回。

郑周永语重心长地说："可是，高灵桥工程不能再拖下去了！高灵桥工程若是失败，咱们的信誉也就没了。事业失败，可以爬起来再干，名誉要是毁了，那是永远也找不回来的。"

这时崔基浩建议停工。郑周永说："你想砸牌啊？现在停工就是砸牌子。办企业要讲信用，我想办一个大韩民国第一的建设实体。这是我多年的梦想，怎么能轻易放弃呢？无论如何也不能放弃，哪怕千难万险也要竣工！"

大家都沉默不语。

郑周永又说："即使把我自己卖掉，也要让高灵桥按时完工。"

郑仁永这时说："大哥，我们先不要走这一步路。"

大家都满怀期待地望着郑仁永。郑仁永接着说："先把我的房子卖掉。顺永,把你的房子也卖掉。"

金永柱接着说:"还有我的房子。"

这时,崔基浩也表示要卖掉自己的房子。

郑周永望着与自己同甘共苦的好兄弟,眼睛湿润了。他说:"我的房子,也把它卖掉。"

两位弟弟和妹夫都齐声反对:"不行,大哥的房子不能卖。那是咱们郑氏一门的象征。"

就这样,郑仁永、郑顺永、金永柱和崔基浩卖了房子,共得到现金9970万元,全部给了郑周永。

现代建筑活了,沉寂了许久的高灵桥工地又重新出现了生机。

1955年年底,高灵桥修复工程如期完工。最后结算,高灵桥工程竟有赤字6500余万元。高灵桥工程的高额赤字,对现代建筑是一个致命的打击。许多技术人员走了,剩下的只是讨债的人。在那样的困境下,现代建筑没有倒下,简直是个奇迹!

高灵桥工程虽使郑周永伤了元气,但是,郑周永也获得了用金钱买不到的东西,那就是信誉。郑周永宁肯自己背上巨额赤字,也要使工程保质保量地按时完成。

韩国政府内务部给予了郑周永高度的评价,并对他及他的现代企业表示绝对的信任。这对郑周永以后承接政府的项目起了很大的作用。

1954年,美国政府为使韩国在战后尽快恢复,制订了一项援助计划。从此,大批美援源源不断地运往韩国,韩国的建筑业也日趋活跃起来了。

1955年,郑周永接到政府的建设项目有:甲昌水库扩建工程、内务部重工厂修复工程和釜山第四码头修建工程等，总投资额达3.4亿元。

1956年，郑周永又从政府手中接到玉山桥工程、甲昌水库扩建第二三期工程、江九桥二三期工程等总计5.4亿元的工程。

经过两年的努力，郑周永逐步恢复了元气。

在承揽工程中发展壮大

1955年年底,高灵桥工程结束后,郑周永总结造成工程巨大赤字的原因,说:"高灵桥赤字,设备落后是一个重要的原因。"

这使郑周永认识到技术装备在建筑施工中的重要地位。他认为:建筑企业的成败,在很大程度上依赖于技术设备。没有办公室,并不妨碍办公;人员走了,还可以再招。但是,一些急需的技术设备在当时却不容易弄到。

在工程招标时,好的工程都被那些技术装备优良、实力雄厚的建筑公司抢走,剩下的工程,要么是施工难度大,要么就是利润太低。所以说,建筑业的竞争,就是技术装备的竞争。

于是,郑周永开始四处购买建筑设备。当时,美第八军有许多废弃的大型施工设备。郑周永凭借他与美军的老关系,整天泡在美第八军的旧装备处理处,逐个察看那些被淘汰下来的设备。

其实,有些设备还很新,只是其中的一部分被损坏,或是有些故障,只要稍加修理就能用。这些机械在他人眼里也许一文不值,可是在郑周永的眼里却是无价之宝。他以比较便宜的价钱将它们买下。

1957年5月，郑周永在草洞服务公司下开设了重装备事务所，由妹夫金永柱负责。在这里对购进的装备和零部件进行管理、修复、组装、改造，而且还造出了原来没有的设备。

两年后，现代建筑的机械和装备就大大领先于其他建筑同行了。郑周永感慨："从某种意义上说，这也是托了高灵桥的福。"

1957年9月，当郑周永的现代建筑在内务部地方局招标修建汉江人道桥的工程投标竞争中一举夺标时，令建筑界许多同行都大吃了一惊。

这可是一项人人都想夺到手的工程。它的工期只有8个月，而工程费用却高达2.3亿元，是战后规模最大、投资最多的政府工程。

当初，内务部想把这项工程送给"朝兴土建"，而握着工程承认权的财务部长却想把这项工程送给"兴化工作所"。因为双方谁都不让步，所以只好用竞标方式来选择建筑业体。

郑周永抓住机会，当仁不让地挤进了竞标的行列。

内务部一个一个地拆开投标书看着，最后，现代建筑竟然中标了。

通过这项工程，郑周永获得了40%的纯利润，他也由此证实了自己的想法："只要不死，健康地活着，即使有挫折、磨炼，也不会彻底失败。"

1959年6月，郑周永又承揽了美国远东军工兵团的仁川第一船舶修理厂修复工程。这是韩国建国以来最大的工程。当时没有几个英语人才，由于语言不通，不知道美方的具体要求，中间产生了好多误会。

郑周永就将这个工程与乌山飞机场跑道工程当作"现代"职工的培训基地，尽量派每一个职工到第一线接受锻炼，得到提高。

从1950年下半年至1960年，几乎所有建筑公司都受尽了承担美军工程的苦头，但是"现代"却在痛苦和磨炼中学到了很多东西，自己也得到了发展和成长。从此以后，一切设计都按美国方式规范起来，物品管理也更加严格。

郑周永在实践中不断摸索经验和教训，后来又发现，水泥是建筑工程的"粮食"，有时工程中常出现水泥供应不上的局面，会错失很多良机。而水泥的原材料国内都有，江原道和忠清道几乎都是石山，很容易采到好的石灰石。

于是，郑周永从1957年就开始筹划建设水泥厂。第二年就买下了忠北丹阳郡梅浦面鱼川里一个8200万吨储量的石灰石矿，在公司内部设置了水泥事业企划部，专管筹建水泥厂的规划、勘查及与政府交涉等业务。

不过商工部却以现存水泥厂也足以供给为理由退回了郑周永的报告。

1960年4月19日，民主党打败了自由党上台。郑周永又重新提出了筹建年产20万吨水泥厂的报告。但这次政府仍然回复："供过于求，不予批准。"郑周永反驳道："有什么根据说供过于求？"

政府提供不出相关的资料。于是郑周永就派专人进行调查修复汉城和地方城市设施和建盖居民房屋各需要多少水泥。

经过专人调查分析，终于得出一个确信的数据：1962年至1963年就需要水泥120万吨。

这时政府正好设立了一个经济开发计划，把国内水泥总产量由1961年的72万吨扩大到1964年的172万吨。于是就将郑周永的报告提交到了其中一个环节中，正式批准了郑周永开办年产 20 万吨的现代建筑水泥厂的计划。

1962 年 7 月 13 日，现代建筑与政府签订了丹阳水泥厂专项贷款 425 万美元的协议。郑周永终于有了自己的水泥厂。

郑周永马不停蹄地开始了水泥厂的建设，他每周日都从清凉里乘中内线夜车赶到建设工地，监督工厂的建设。从开工到竣工用了两年，他几乎一刻不停地关注着，生怕出一点疏漏。

"现代建筑丹阳水泥厂"具有划时代的意义，因此也被人们称为"现代建筑的三一运动"。

郑周永对工程建设的要求非常严格，甚至到了苛刻的地步。有一天，他又来到高速公路的建设工地上，突然发现有一个司机正趴在驾驶台上打瞌睡。郑周永立刻跳下车，抓住司机的衣服，重重地打了他一个耳光："如此贵重的设备竟然放着不开，到工地上是让你睡大觉的吗？"

在场监督工程的副社长吓得赶紧先逃到一边，等郑周永走了之后才出来处理这件事。不但是他，就连郑周永的妹夫见了也是吓得不寒而栗。而这时，有巡警人员在巡逻时曾在工地附近见过一只大老虎，于是后来人们背地里都叫郑周永"老虎"。每个周五下午，工人们都会小心翼翼地打听："老虎来了没有？"

一个周末，郑周永与郑世永一起坐火车去丹阳。平日，郑世永都是在水泥厂工地，兄弟俩很难相聚。

郑世永兴致勃勃地给郑周永讲述前不久发生在工地上的一个故事。在水泥厂工地的后面，是一片荒山岭，名叫甲山。那里经常有老虎出没。

一天夜里，几个工地警备人员在巡逻时就曾亲眼看见过一只斑斓猛虎，吓得他们从此不敢夜里外出。自从发现工地附近有老虎后，大家都变得非常警惕，甚至到了谈虎色变的程度。有个人晚上起夜，看见眼前黑影一晃，还以为是老虎，就大声叫了起来。结果，全工地的人都出来打老虎，一夜都没睡。

郑周永听到这里，猛地说："老虎！对，就是老虎！"

郑世永望着大哥一脸兴奋的样子，感到非常奇怪。

郑周永看到弟弟一脸不解的样子，笑着说："我是说，应该给将来的水泥产品起个名字，你说就叫虎牌怎么样？"

郑世永眼睛一亮："虎牌确实是个好名字。"

丹阳水泥厂的厂址坐落在一片荒山沟里，从三谷车站到厂区，还没有一条正式的路通向水泥厂。郑周永决定要先建一条公路。

有一次，郑周永到工地来，想看一看铺路工程进展得如何。

当郑周永兄弟俩走进工地时，看到一台正在作业的推土机陷入了泥坑里。推土机虽然"呼呼"地往外喷气，但是就是开不出来。

郑周永见此情景，二话没说就跳上驾驶室。他重新启动了发动机，听了听声音便知道是怎么一回事。接着，他跳下来，用铁锹把推土机履带前的泥浆清理了一下，然后坐到方向盘前，慢慢地把推土机开出了泥坑。

看见社长亲自驾驶推土机，工人们又是感动，又是佩服。

为了解决好职工的生活问题，郑周永还为职工盖起了2600坪的住宅和750坪的单身宿舍。

郑周永信奉企业的成败关键在于行动和时间。他对工人们要求非常严格。每到周六，他就会出现在丹阳水泥厂的工地上，他对下属下达命令时，从来都是"明天早晨把这件事情办好"，从不多给一点时间。

正是在郑周永严格要求下，1964年7月，丹阳水泥厂提前6个月正式点火投产。虎牌产品问世后，立刻就打进了国际市场，第一批产品首销越南，为现代建筑赚回了40万美元。一年后，虎牌水泥在本行业第一个获得使用KS的标记。

郑周永刚开办企业时，采用的人员大都是亲戚和朋友，他们对郑周永既敬又怕，不敢发表自己的意见。郑周永意识到了这个问题，说："对于一个现代化的大企业而言，必须改进这种封建色彩较浓的用人制度。"

于是，郑周永逐步改变了用人方法，采用公开招聘的方法选拔人才，引入了大量有真才实学的大学生，这让现代建筑的发展增添了新鲜血液。

在建设仁川第一船坞工程时，人们对着美方的技术要求说明书发愁，因为没有人能够看得懂它。

郑周永问："大家看怎么办？"

在场的老人都像往常一样，沉默不语，就等着郑周永自己最后发话。就在这时，一位刚刚招聘进来的青年朴永郁发话了："社长，请一个懂英语的人来翻译一下不就行了。"

郑周永说："看见了吧，事情就是这么简单。你们大家不是没人知道这个道理，只是对我百依百顺惯了，养成了依赖性，以后一定要改掉这个毛病。"

郑周永就凭着他的智慧和坚忍不拔的性格，以及在多年锻炼中积累的宝贵经验，一次次攻克难关，取得胜利。

1958年5月15日，时任韩国总统李承晚亲自参加了汉江人道桥竣工通车仪式，并高度评价了现代建筑的施工水平，赞扬了现代人的忘我工作精神。韩国的广播电台向全国转播了竣工仪式实况。

1960年11月,仁川第一船坞修复工程竣工时,现代建筑跃居韩国建筑界榜首。

从此,郑周永和他的现代建筑成了韩国妇孺皆知的名人和名企业。

1966年,韩国第一个五年经济计划圆满结束,国内货物运输更趋大型化,运输量激增。

1967年,朴正熙在竞选总统时向国民承诺,亲自参与政府关于修建高速公路网的规划,在第二个经济发展五年计划期间要把修建汉城至釜山的京釜高速公路列为国土开发的重点工程。

当选之后,朴正熙就开始着手这项工作。不过,由于这项工程费用巨大,因此遭到了反对派的一些经济人士的反对。

朴正熙想:"如何才能在最短的时间内用最低的费用修建这条高速公路呢?"这时,他自然而然地把目光投向了郑周永的现代建筑。

朴正熙与郑周永已经见过几次面了,他对郑周永有着极好的印象:"这个只有小学学历的农民儿子,能够成为一名博学多才的企业家,在全国的建筑行业独占鳌头,真是难能可贵。尤其是他身上仍然保持着农民的淳朴与勤俭,这项工程交给他是完全可以信赖的。"

当年11月的一天,朴正熙邀请郑周永到他那里共进晚餐。郑周永到了青瓦台一看,在座的还有几位建设部的官员。郑周永想到:"也许会有重大的建设任务吧?!"但是他又不好意思贸然发问。

共进晚餐之后,朴正熙先从拉家常开始:"郑社长,你从农民到首富,一定有什么秘诀吧?"

郑周永听了,先是一愣,不知道总统是什么意思,然而他还是坦诚地说:"我出身于贫苦农民家庭,小时候过的是'朝饭夕粥'的生活。我只是想让日子过得好一点,因此努力工作,可从来没想过能成为富翁。"

朴正熙微微一笑,接着问:"那么,郑社长,你是怎么指挥部下的呢?他们可都是大学生呢!而你只是小学毕业。"

郑周永幽默地回答:"总统先生,我也是大学生啊,我是报纸大学毕业的。"

朴正熙和众位官员听了,大家都一起大笑起来。

随后转入正题,朴正熙才与郑周永谈起了关于建设京釜高速公路的问题,不过他郑重地告诉郑周永:"你研究一下完成京釜高速公路工程用钱少、工期短、效果最佳的方案。给你们20天时间,做出一份关于这项工程的预算。我等着你们的好消息。"

第二天,郑周永就带着几个人坐吉普车在汉城和釜山之间来回跑,勘查分析,当月下旬就交出了预算方案。同时还有几家公司也向总统提交了方案。

朴正熙比较之后,果断地批准由现代建筑承建京釜高速公路的2/5,剩下的工程由国内其他15家建筑公司的陆军建设兵团的3个大队来承包。

1968年2月1日,京釜高速公路正式破土动工。郑周永又在工地上废寝忘食地不停奔波。他在工地上放了一张床,时刻进行现场督察,并开着吉普车巡视现场,有时累得不行了就在车上打个盹。工地上的民工和技术员们看到郑周永的吉普车,知道社长与他们在一起战斗,一个个精神抖擞,干得更卖力了。

经过两年多的艰苦奋斗,1970年7月17日,京釜高速公路终于建成通车,当日,在大邱市举行了盛大的竣工通车仪式。朴正熙总统亲自主持庆典,并给郑周永颁发了一枚"大韩民国铜塔产业勋章"。

郑周永在竣工典礼讲话中说:

> 参加工程建设的每个人,上至总指挥,下至普通民工,万众一心,以高度的使命感,竭尽全力完成了这项浩繁的巨大工程。

迈向海外市场的第一步

20世纪60年代初,郑周永就开始着手制订向海外进军的计划。

郑周永决定向海外市场进军是有多方面原因的。这一时期韩国政局更加动荡,每一届新政府上台都要对企业界进行整顿。当时韩国的民间资本和民间企业还处于不成熟的阶段,一些大的工程大多数是由政府把持。

建筑企业多半是依靠政府谋求发展。而政府能够供给企业的项目也不过屈指可数,对一些工程规模较大、施工难度较高的工程,政府一般采取点名指派的方式。

郑周永不愿使自己的企业陷入这些与政治有关的纠纷中,他说:

> 企业不依靠自身的力量去发展,而是靠与某种权力勾结,这是件令人不愉快的事情。现代进军海外,向国民证明:我们"现代"不是靠与政府的关系,而是依靠自己的力量发展起来的。

另外，当时韩国政府的财力非常有限，依靠政府发展建筑行业很困难。而且一直支撑着韩国建筑界的美军工程，也因美国国内经济原因大量减少。

20世纪50年代末，美国国际收支情况恶化，连年出现赤字。为了改善国际收支，美国政府从1961年开始执行"泛美政策"。这一新的政策规定，必须满足下述三项条件，才允许与美军签订工程合同：第一，工程所需要的建筑材料必须尽量购买美国货；第二，只有从美国购入一定数额以上的物资，才能取得投标资格；第三，当工程的数额超过一定标准时，必须要同美国的公司联手承建。

而郑周永的现代建筑主要是靠美军工程吃饭的。仅1965年，郑周永的现代建筑从美军工程上获得的利润就占整个利润的76.6%。因此美军工程的减少，对郑周永的现代建筑也产生了一定的影响。

当时，韩国的建筑行业的技术水平普遍低下，国内建筑市场的主要技术依靠美国、西德和日本。对一般企业来说，向海外进军是连想都不敢想的事情。

然而因为现代承建过大批美军工程，积累了大量的施工经验，现代建筑的技术力量在韩国国内已处于一流水平。当时，一方面是因为国内市场的缩小，同时也是为了换取外汇，解决国内就业问题，促使现代建筑向海外发展。

1963年，南越西贡当局的引水工程向国际招标，工程造价大约为500万美元。郑周永看准这是一次向海外进军的好时机，于是命令负责外国工程的郑仁永参加投标。由于这是现代首次参与世界性建筑工程投标，经验不足，再加上工程预算书的编制不很完善，所以这次竞投没有成功。

这次投标失败,并没使郑周永放弃将企业向海外发展的计划。当年他在企业工作记事中写道:

> 今年计划要做一件让世人吃惊的大事。

随后,郑周永设立了外国公司部,专门研究和收集世界建筑市场的各种情报。分析当时的形势,他把重点放在了泰国、越南和马来西亚等东南亚国家。

越南投标失利后,郑周永没有让郑仁永回国,而是命令他们继续西行,直奔泰国,并于当年在驻泰美军设备处登记。

1964年,亚洲太平洋地区建筑业大会期间,郑周永热情招待泰国代表,为打开泰国市场做准备。

因为越南战争逐步升级,当时泰国已成为美国对越战争的战略基地。由于战争的需要,美军要在泰国修建军事基地、机场、港口以及兵营,大批的战争拨款和援助物资不断地涌进泰国。当时,泰国政府凭借地利之便,也趁机大兴土木,搞起本国的基本建设来。

郑周永认为,这又是让"现代"一显身手的大好时机。

但是,当郑周永的队伍到了泰国之后才发现,那里的情况远不像他们想象的那样。受美国"泛美政策"的影响,要想拿到美军的工程项目并不容易,而泰国企业对自己本国的工程绝不允许第三者插足。外国企业想要在泰国这里分一杯羹,那只能是瞄准由国际金融机构贷款的项目。

1965年8月,泰国的布凯特大桥工程招标。现代因报价较高而失败；同月又在一个机场建设项目的竞投中失利。

9月份，一项由国际复兴开发银行提供贷款的高速公路工程开始招标。为了能够拿下这项工程，郑周永坐镇泰国，亲自指挥这场争夺战。

会场上鸦雀无声，气氛紧张得让人有些喘不过气来。当泰国官员走出来，准备宣布最后结果时，全场的目光都集中在他的脸上。

泰国官员用洪亮的声音宣布："中标者为韩国的现代建筑株式会社。"

话音未落，郑周永和他的手下激动地拥抱在一起。郑周永的现代建筑终于在16个国家的29个建筑公司中独占鳌头，取得了胜利。这是现代建筑第一个海外工程，它标志着现代建筑迈出了冲向海外的第一步。

郑周永的现代建筑获得了泰国拉特越高速公路工程，也揭开了韩国其他公司冲向海外的序幕。这无疑为韩国的建筑业乃至整个经济注入了一支兴奋剂。

1965年12月，虽然正值隆冬季节，但是在韩国的金浦飞机场却到处都洋溢着春天的气息。人们喜气洋洋，仿佛过节一般。这一天，郑周永为他的远征军送行。

韩国广播电台的记者们更是忙个不停。当郑周永走进候机大厅时，所有的镜头都对准了他，所有的话筒都指向他，霎时间，人头攒动，镁光灯闪个不停。在场的人都想把这具有历史性意义的画面尽收眼底，记者们更是想把这激动人心的时刻牢牢抓住。

郑周永与每一个即将出发的人握手话别。大家激动的心情此时难以言表，只是用目光互相鼓励。

最后，郑周永走到话筒前，带着他那沉稳而刚毅的表情，信心十足地对大家说：

我们将在泰国修建一条全程为 98 千米的高速公路。我国的建筑技术人员也是第一次走进国际建筑市场。我们完全有能力把这条高速公路建好。

现在，我国已确定发展经济的战略目标，那就是"出口第一主义"。全国都在为出口创汇而努力，我们建筑业，特别是现代建筑，决不能落后。

既然井底之蛙已经跳出水井，至于它会遇到什么困难，只有等它在外干一干才能知道……

泰国每年都有三四个月的雨季，瓢泼大雨一下就是好几天。道路泥泞，汽车根本无法前行。在排水不畅的地方，往往淤积着五六厘米深的泥水将修好的路面破坏得一干二净，只有等雨停了再抢修。可往往是刚一修好便又下起大雨。这样一来，严重地影响了施工的进度。

而到了旱季，一滴雨也没有，又必须用洒水车往路面上浇水，可是没过 5 分钟，地面又变得干干的。因为气候的关系，对路基的含水量非常难控制。

由于郑周永他们事先对这方面了解不详细，准备得不够充分，所以到泰国后对这种天气束手无策。

郑周永由此体会到："充分做好事先调查，对一项工程是多么的重要。"

来自另一方面的困难是"现代人"传统的陈旧观念。白手起家的现代建筑完全是靠自身的力量,艰苦奋斗发展起来的。勤劳俭朴已成为现代人引为自豪的美德。现代人使用的各种装备,大多是从美军那里购来的废旧物品,经过加工修理后使用。

现代在起步阶段正是韩国经济复苏时期,当时在韩国国内有些建筑设备难以买到,在这种情况下用如此方法解决企业设备问题,无疑是发展企业的良策。这些旧的机器也确实为现代建筑立下了汗马功劳。

可是,这次在泰国施工,对象是一条对技术和设备要求较高的高速公路,现代本应购买一些国外的先进设备,借此机会更新现代的装备。而负责施工设备的人却仍旧按照现代的老习惯,到美军的废旧仓库去翻找可以利用的东西,把购买设备的钱存入银行充当保证金。

工程需要大量的载重汽车,负责设备的人打听到驻日美军那里的一批旧车,每辆只售150美元,真是太便宜了,载重汽车就这样解决了。可是,将旧车买回后需要修理,并且还要把车运到泰国,光是运费每辆车就需要100美元;而且旧车买回来后,经常出故障,又得停工修理。这样核算下来,一辆车的费用与买一辆新车相差无几!

对其他设备也是如此,弄来的都是些旧货,用不了多久就得大修一次,结果是钱一分也没少花,时间却浪费了很多。

后来,他们认识到了这一点,直接从国外购进一批先进设备。可是,新的问题又跟着出现。因施工任务紧,没有时间对工人进行技术培训,而工人们又是第一次接触这些新机械,往往是按照自己的想法操作机器,结果不出3个月新设备也全部出了毛病。

最令人头疼的是，这些技术工人拿出以前修理废旧机器的本事，不看设备图纸，也不看说明，只是凭自己的经验修理这些先进设备。所谓的修理，不过是任意地改装，从旧零件堆里找出自己认为比较合适的代用品，换到新机器上。如此修理机器，往往是旧的故障还没有排除，新的毛病又出现。这些新设备"住院治疗"的时间常比"下地干活"的时间还长。

靠自己的双手、自力更生本是现代人引以为荣的做法，可如今这种做法已经给企业的发展带来了无法想象的灾难。更严重的是，他们非但没有认识到事情的严重性，反而得出了一个可怕的结论：新设备不如旧设备好用。

泰国的工程专家对施工的流程要求十分严格，而现代的一些人却认为这是多此一举。他们在施工中只按以往在国内的老习惯去做，导致返工的事情越来越多。

所有这些都严重地影响了工程的进度。虽说现代建筑是第一次到国外作业，缺乏在国外工作的经验，可是，有些问题是决策性的和观念上的问题，如果不及时改变，会影响现代今后的发展。

但是，当时的郑周永可不是这样认为。当他听说工地上施工人员与技术人员发生争执时，就亲自来到了施工现场。现代的一些施工负责人一直认为泰国工程专家对他们提出的技术要求是多此一举，而现代内部一些从正规学校毕业的年轻人看不惯那些自以为富有实践经验的老技术人员的做法。

老技术人员认为，传统的施工方法既经济又有把握，而年轻的技术员认为泰国的施工流程技术要求书是科学的。双方的矛盾越来越深。

特别是，美军在韩国招聘的技术人员的实际工资要比现代年轻技术人员的工资高出4倍，影响了在泰国工地工作的年轻技术人员的工作热情，甚至出现了消极怠工的现象。

郑周永因为工程出现赤字整日忙个不停，忽略了这个问题。当他来到工地了解到这一情况后，立即答应给技术人员长工资，但他还是不能同意年轻的技术人员提出的按照技术要求书施工。

为了提高工程进度，郑周永经常来到工地亲自指挥，当然，郑周永是不会按照那些说明去做的，有他在场，就连美国的技术监督也不敢说话，只好等他离开以后再将那些没有按照技术要求的部分重新返工。

郑周永感到很奇怪，明明他在场时看到进度很快，可是为什么实际的进度仍然是这么慢呢？

现代的那些年轻的技术人员谁也没有胆量当面向郑周永提出施工中存在的问题。最后还是负责曼谷物资供应的李明博将事情的真相告诉了郑周永，郑周永这才恍然大悟，原来由他指挥的那部分工程都是无效的劳动。

郑周永心情非常沉重地对工地的技术人员说："过去，我对大家的工作干涉得过多，请你们原谅。今后要完全按照施工技术要求书进行施工。"

郑周永认为李明博是一个在关键时刻敢于发言的人才，便大胆起用了他。

至1966年年底，虽然施工已将近一年，仅完成30%的工程，而工程费用却已用掉预算的70%。工程赤字已成定局。

泰国高速公路工程的形势十分严峻。如果这项工程失败，郑周永就会在国际建筑业丧失信誉，并失去同世界其他企业竞争的资格，也意味着从此与联合国国际复兴银行的项目无缘。

郑周永忧心忡忡。他把信誉看作与自己生命一样宝贵，就是再艰难也要使工程如期完工。郑周永又开始为工程四处奔波，筹集资金。他来到曼谷，找到现代驻曼谷的代理经理李明博，询问向曼谷银行贷款的事情。

按照国际惯例，在国外承建工程的公司，如果想要得到国外的贷款，必须持有本国权威银行出具的担保书。这可使郑周永他们为难了。现代是韩国第一家在海外承包工程的公司，当时的韩国外汇银行还没有这方面的规定，对办理担保业务的程序也是一无所知。

最后，郑周永命令在汉城本部的朴永郁直接拜访当时的金融货币委员洪成夏，请他出面协商解决这个问题。

郑周永为了解决高速公路工程的资金问题，甚至还动用了准备扩建丹阳水泥厂的资金。这笔钱本是美国国际开发署为丹阳水泥厂再提高20万吨产量而提供的贷款，郑周永只好忍痛，放缓扩建水泥厂，全力完成泰国高速公路工程。

资金问题解决后，郑周永便开始着手改进对工程的管理方法，尽量提高工程的速度。

1968年3月，泰国北大年—拉特越高速公路终于竣工。这项工程亏损了300万美元，但却为郑周永取得了宝贵的海外施工和修建高速公路的经验。

事后，郑周永说："这项工程所获得的经验是，现代作为一个建筑企业，是从那时起才意识到，与施工能力和经营管理相比，改变旧的思考方式是最重要的。"

郑周永把泰国北大年—拉特越高速公路的竣工仪式看作是现代

建筑进入成年的典礼。正是这项工程，使现代成功地跻身于国际建筑企业的行列中。

泰国政府看到现代建筑为完成这项工程所付出的代价，深为现代的这种献身精神所感动，在这项工程之后，又把7项工程交给了现代。但是，由于各种原因，郑周永在泰国的工程赚少赔多。

忍辱修建昭阳江大坝

1967年，现代建筑在国内承建的昭阳江多功能水坝工程正式开工。

这项工程由建设部招标，现代建筑以最低价夺标。在此之前，现代建筑修建的春川大坝、清平大坝，也是引进国外技术施工的。所以这次郑周永仍然引进了日本贷款进行施工，由日本共荣公司担任了设计与技术指导。

日本共荣公司的会长、社长甚至副社长都是举世公认的专家，他们公司对大坝工程有研究的人比比皆是，可谓人才荟萃。

郑周永承认"现代"对大坝工程缺乏技术积累的现实，所以从一开始就嘱咐大家要听从日本方面的指导。

当时以韩国的经济实力，根本担当不起像昭阳江大坝这样大规模的工程。日本共荣会长久保田想把昭阳江大坝工程的设计费、原材料费、技术用工费甚至铁箱、水泥、器材费统统都划归日本。

郑周永一眼就看穿了他们的把戏："发达国家对落后国家的所谓'援助'，不过是借着'援助'的美名，剥削落后国家罢了。"

原材料的价格变动很大，钢材、水泥需要进口，光运费就是个很大的数目。如果完全按照日本方面来施工，那国家必将蒙受巨大的损失。而且这些巨资也将流向日本。

一想到这里，郑周永心里就很不舒服，他苦苦地思索着："难道没有什么其他的好办法吗？"

突然，郑周永眼睛一亮："对呀，昭阳江大坝即将坐落的地方，有着取之不尽的碎石和沙子，就从这上面做文章……"

郑周永立即派现代常务副总权奇泰到现场调查。

权奇泰回来报告说："郑社长，情况正是那样。我们不妨就用周围的泥土、沙子和碎石筑成沙砾大坝。这样就会省下大笔的钱！"

负责人为了重新设计，搜集了全世界有关筑坝的大量资料，最后报告郑周永："根据资料，自从第二次世界大战之后，世界上超过100米的大坝多数都采取沙砾形式，这也是世界趋势。"

郑周永马上向建设部提出了现代建设昭阳江多功能大坝的方案和沙砾坝方案。

当时还没有一个承包者胆敢向政府招标的工程提出自己的方案，而且这次现代竟然是向世界上首屈一指的"日本共荣"公司的设计提出不同的设计方案，官方当然因其权威性受到忽视而大为不满。"日本共荣"公司也因受到下面挑战而恼羞成怒，对现代大肆羞辱。

但是郑周永认为自己是对的，他丝毫也不肯让步："我在投标法国人设计的泰国'巴逊坝'工程时就已经积累了这方面的经验，对此有一定的知识。而且我们的方案对国家有利，就这一点已经足够了，没有什么比这更重要的。"

此后，建设部组织"日本共荣"和"现代建筑"以及水资源开发公司一起召开会议。郑周永带着权奇泰和几个技术员赶到会议现场，发现建设部的代表是老资格的技术前辈，"日本共荣"的代表是设计昭阳江重力坝的桥本副社长，水资源开发公司代表是安京模社长，另外还有建设部的几个局长和科长。郑周永发现，那些人的脸色都很难看。

现代建筑的技术人员首先开始说明准备好的方案，但还没说几句，建设部的人就张口骂人了："你们这帮家伙真是有眼无珠！毛头小子懂什么，简直是无理取闹、无法无天！"

另外一些人也说："是啊，以为自己初生牛犊不怕虎，其实是不自量力，自取其辱！"

郑周永开始还强压着怒火，但看到自己年轻的技术员被他们骂得抬不起头来了，不得不出来说话。他尽量让语气理智一些，说道："目前超100米的大坝全都筑成沙砾坝，这是当今的国际趋势。即使不是趋势，水泥坝也不符合我国实情。建设水泥坝需要进口大量的水泥和钢材，可我国现在有那么多钱吗？沙砾坝只要有沙子、碎石和泥土就行，这能够大量减少工程造价。换成沙砾坝以后，拿出节省出来的钱还可以解决让政府一直感到头疼的10多座中小城市的上水道设施……"

郑周永的话还没说完，桥本立即拍案而起，指着郑周永的鼻子，口出不逊："你从哪儿学的筑坝学问？啊，如果不真懂就不要在这里装蒜！"

郑周永气得说不出话来。

但桥本还不依不饶，继续破口大骂："我本人是东京大学毕业，在最高的技术公司做了几十年领导工作。而你呢，是哪个学院的高才生？谁教你这一套的？"

建设部的人不仅不帮现代建筑，反而跟着桥本一起谩骂他们。

郑周永几个人强忍着这种侮辱，但是仍然坚持着自己的方案。最后，他们脸色铁青地走出了会议室。

建设部的人怕郑周永直接找朴正熙总统去说理，于是恶人先告状，急忙找到朴正熙说："郑周永这个人天天叫着要把昭阳江大坝的设计改成沙砾坝。这人我看是个没有知识的莽夫。如果按他说的去做，岂不是要坏大事？"

朴正熙听了反问："会坏什么大事？"

建设部长官说："昭阳江可不是一条小河，在江边用泥土和沙子碎石筑坝，一干就得好几年呢！如果在建设过程中发生洪水，那春川市和汉城市都有可能被淹没的，到时政府怕收不了场啊！"

朴正熙听了，思索了一下，然后对那人说："听你这个意思，要是用水泥筑成坝之后，在里面封着几十亿吨的水，如果北方军把大坝炸了，又会不会坏大事呢？"

建设部长官听了，眼睛向上翻了翻，一时不知该如何回答。

朴正熙接着说："我是炮兵出身，大炮的威力我比你们都清楚。如果用大炮把蓄满水的水泥坝炸毁，那才是真的收不了场呢！我的看法是，只要在施工期间做好预防洪水的准备，可能沙砾坝更好一些。你看，用泥土、沙子和碎石筑起大坝，即使中了炸弹或炮弹，也只不过你用大炮炸山一样，崩掉些泥罢了，但坝却不会倒塌，过后及时补救一下就可以照样防洪……"

建设部的人听总统这么一说，低下头默然无语。

朴正熙放缓了一下语气："请你们回去再彻底地检讨一下，看看现代的方案可不可行。"

几天以后，沙砾坝方案出乎意料地得到了认可。当时郑周永还不知道内情，直到有一天建设部通知现代建筑马上上报设计图。

这一天，郑周永陪几位高官一块喝酒，喝着喝着就多了，竟然引起了胃痉挛，一晚上折腾得他死去活来，又是吐又是疼。第二天一早他就不得不去了塞辅兰斯医院检查治疗，后来知道没有大碍这才放下心来。

这时秘书向郑周永报告："'日本共荣'的久保田会长和桥本副社长打来电话，说要来探望您。"

郑周永想起上次受到他们难以接受的侮辱，就说："告诉他们，我身体没什么大事，请他们不用麻烦了。"

秘书回公司去了，不大一会儿又回来报告说："他们执意要见您一面。"

郑周永想了想说："好吧，那就让他们到我办公室去。"

下午，郑周永在办公室里会见了"日本共荣"年过八旬的会长久保田。他一进办公室，就向郑周永深深地鞠了一个躬。

郑周永看着久保田，故作惊讶地说："老会长，你这是什么意思？我还没死呢！如此大礼我怎么敢当！"

久保田诚恳地说："郑社长，我知道您心里还有气。上次我们桥本君大大地对您失礼了。他在水泥坝方面是权威，其实对沙砾坝方面也不是太懂。请您多多原谅。"

郑周永看着这位面带真诚的老人，心也软了："请不要客气，我也没有时间去记什么仇呀恨的。哦，对了，我们设计图的审查结果出来了吗？"

这段时间，郑周永一直忙于别的事情，以为现代的方案没什么希望，就不太关心大坝的事。而"日本共荣"则在东京对他们递交的设计图进行了反复的检查验证，并且还亲自到昭阳江现场调查验证过。

久保田说:"正如郑社长所说,用沙砾坝代替水泥坝能够大大降低工程的造价。现场地质勘查的结果表明,岩磐太弱,负担不宜过重。现代提供的方案可以减轻负担,这样危险性也会减小。而且,现场的碎石、沙子和泥土的质量也不错。您的判断是对的,沙砾坝比水泥坝更合适。"

此后,主管招标的官员和日本共荣公司的人对现代的态度彻底转变了。现代建筑上报给总统的研究资料一天就获得了认可。

1973年12月,昭阳江大坝竣工之后,正如郑周永开始的预算,造价减少了30%。

海外拓展有喜有悲

1966年1月,郑周永在泰国的高速公路工程正陷入困境,他在为泰国的工程四处奔走的同时,全力发展在越南的事业。

很快,郑周永又从驻越美军那里承包了疏浚南越金兰湾工程。对现代建筑来说,从事这种大规模的海上作业还是第一次。但是,郑周永非常自信:"现代有能力做好金兰湾的疏浚工程!"

疏浚海湾需要特殊的装备和技术工人。因此,郑周永从日本购买了一艘2250马力的疏浚船,命名为"现代1号",在釜山和仁川等地招募技术工人,并任命水产大学毕业生白忠基负责这项工程。

3月,白忠基带领技术工人,驾驶着这艘疏浚船驶进了金兰湾。

当时,在金兰湾进行疏浚工作的还有美国、澳大利亚、日本等7个国家的10多艘船。按规定,每挖一立方米的泥沙报酬是一美元,船的功率越大就越事半功倍。所以,郑周永在了解到这一情况之后,立即又在日本购买了一艘4000马力的疏浚船,命名为"现代2号"。

这项工程共历时3年零6个月,金兰湾等几个地区进行的疏浚作业共挖出泥沙1400多万立方米。"现代1号"和"现代2号"没有辜负郑周永的厚望,在越南的疏浚工程为郑周永赚回了一大笔外汇。

1967年5月,郑周永从美军那里得到了建设金兰湾居民小区的工程。该工程的费用为550万美元。

当时美军要在金兰湾附近修建军事基地,住在附近的居民需要迁出。美军计划在距金兰湾15千米处修建一个面积为2400坪的居民小区。因为是居民区,工程难度不大,再加上所需各种物资供应及时,这项工程也使郑周永获益不小。

郑周永在越南时,发现美军基地的生活服务设施并不十分健全,许多士兵没处洗衣服。于是,郑周永投资1亿元,买了11台全自动洗衣机和两台锅炉,办起了7个洗衣厂,解决美国士兵洗衣问题,不到一年,就为"现代"赚回100多万美元。

疏浚工程和洗衣厂这两大笔收入,大大缓解了郑周永在泰国的资金压力。

在东南亚,除泰国和越南的工程之外,现代还承包了印度尼西亚的高速公路和马来西亚修建海港的工程。

1973年7月,印度尼西亚的高速公路招标,现代建筑中标。10月,全世界出现石油波动,原材料价格上涨。为了现代的声誉,郑周永还是决定同印度尼西亚签约。按照施工计划,工程应于1974年10月完成,但是开工后又遇到了许多问题,工程一直拖延至1979年6月才完工。

由于石油危机,印度尼西亚货币贬值近50%,使这项工程受到巨大损失。虽然以后经过交涉又追加工程费用,但也无法挽回造成的损失。

这项工程虽然没有获利，但是又为郑周永赢得了名誉。1981年11月，现代建筑在印度尼西亚承建东南亚最长的桥梁工程。

向世界进军，是郑周永发展现代的战略。打进美国市场，是郑周永实现走向世界战略的关键一环，而能否进入关岛，在那里占有一席之地则是郑周永战略棋盘上的最重要的一着。

在1962年5月，美国把冲绳基地还给日本后，关岛成为美国在太平洋上的重要军事基地。美国海军的各种装备、设施源源不断迁入该岛。顿时，关岛掀起了一股建设热潮。

1969年4月，在新西兰举行了第九届亚洲太平洋地区建筑业大会。郑周永参加了这次大会，并在归途特意到关岛做短暂停留。

蓝天白云下的关岛风光旖旎秀丽，是太平洋上的旅游观光胜地。可最吸引郑周永的不是这些秀美的风景，而是这里极富有开发潜力的建筑市场。

郑周永一回到汉城，就立即派负责调查越南工程的金胄成去关岛，命令他一定要拿到关岛的建设项目。郑周永给金胄成汇去50万美元，在关岛成立了"现代美洲株式会社"。

7月，现代在当地取得了法人资格。这样，依照当地法令，现代开始在关岛承接建筑工程。

第一项工程是为关岛铺设高空电线。当时正值越南市场萎缩，尽管这项工程没有赚到钱，但是却为现代开辟了一块新的沃土。此后，现代建筑在关岛主要从事房地产开发与买卖。大型建筑工程都由美国公司或当地企业控制，现代则把目标定在低收入者身上。

因为现代的服务周到，现代的房地产生意在那里做得很成功。这项工程一直持续至1973年。由于世界范围内的石油危机，美国政府停止了对低收入阶层提供住宅补贴的政策，关岛的房地产业开始走下坡路。这时,郑周永趁机脱身,结束了在关岛的所有事务。

越南的港湾疏浚工程结束后,郑周永又和澳大利亚政府签约,为澳大利亚的港湾进行疏浚。

澳大利亚当地居民非常歧视外国人,不允许外国人在本地工作,并且还拥有势力非常强大的劳工组织。当郑周永同澳大利亚政府签约时,澳方就提出韩国的疏浚船可以进港,但船上不允许带韩国工人。后来,经过双方协商,澳大利亚一方做出让步,商定韩国工人负责船上作业,澳大利亚工人负责地面工作。

工程刚开始,双方倒也相安无事。可是当韩国工人向地面工作的澳大利亚工人提出改进工作方法的建议时,却遭到澳大利亚工人的拒绝。双方话不投机,大打出手。最后,只好全部撤回韩国工人,疏浚船上的工作也由澳大利亚工人承担。

尽管在澳大利亚有这些不愉快的经历,但是,现代却通过此工程在澳大利亚立足,并得到了澳大利亚殖民地巴布亚新几内亚的地下水发电站的工程。

地下水发电站的施工现场设在平均海拔为1300米的地方。工程要求先在地面上开凿一个垂直的200米深的竖井,将水从上面灌下去,利用落差进行发电。工程的主要内容就是开竖井和引水的水平隧洞。这种电站的优点是用少量的水就可以发电,竖井越深发电越多。

在施工过程中,郑周永的现代建筑与当地的土著居民建立了良好的关系。在巴布亚新几内亚曾有过吃人的土著民族,因此当地的一些风俗习惯很特别。

有一天,一位当地人不小心掉进了正在施工的竖井摔死了。当地人拿着箭、刀和斧头来到了工地。按照他们的习惯,打死人的人或者是他的族人也要死相同数量的人。工地上的韩国人都吓跑了，有几个人没来得及躲开，只好藏在了竖井里。

现代建筑负责当地施工的干部与当地的政府、警察取得联系，派出代表与当地人进行谈判，赔偿了一笔钱，他们才撤了回去。那几个躲在竖井里的人，直至第二天当地人走了，才从井里出来。

此后，当地居民与现代建筑有了来往，他们经常来到工地与韩国工人一起吃饭，逐渐喜欢上了韩国的泡菜。当地人沿用澳大利亚的作息制度，周六、周日休息。他们看到韩国工人在星期六还工作，称赞韩国工人勤劳能干，对现代建筑的工人们更加友好。

巴布亚新几内亚的地下水发电站工程于1972年5月开工，1975年6月完工，工程费用为1200万美元，工程获得30%的利润。这是韩国建筑界首次修建地下水发电站，是现代建筑在海外工程中最成功的一个。通过这项工程，现代的建筑技术更趋成熟。

1969年12月，郑周永同美联邦政府签订了在阿拉斯加修建哈里肯大桥的合同。

阿拉斯加地处北极圈附近，气候条件十分恶劣。哈里肯大桥位于北美最高的麦金利山脉，那里平均海拔在6000米以上，地势十分险峻。桥的两边是陡峭的山崖，桥下是万丈深渊。但是，如果哈里肯大桥建成的话，对开发当地产业，发展当地旅游业都具有十分重要的意义。

现代建筑在决定着手这项工程之前，没有到现场进行调查，既不十分了解那里的气候条件和工作环境，也没有对当地的法律进行研究，只是一心想要进入美国建筑市场。

虽然桥的全长只有100米，但是这实际上是一座架在悬崖上的飞桥，施工难度相当大。美国政府曾两次对该工程进行招标，美国的公司对这项工程都望而却步，唯有郑周永迎着困难冲了上去。

阿拉斯加的天气坏得令人无法想象。夏季的最高气温只有25度，而冬天的最低温度可达到零下50度。冬季，雪大得叫人感到害怕，积雪往往深达3米左右，要到来年的6月份才会融化。可是一到9月份就又是大雪纷飞了。一年之内能施工的时间只有4个月，其中又有1/3的日子阴雨连绵。

气候条件如此糟糕，这里的《劳动法》就更加令人难以接受。该州的《劳动法》规定：凡是外国公司在阿拉斯加承包工程，必须全部雇用当地工人、行政人员和技术人员。甚至还规定：工程预算的50%以上要由本地人赚取，否则就不允许在当地施工。

《劳动法》还规定了当地的工人的最低工资标准，除工资外，还有名目繁杂的各种补贴，所以工人的实际收入往往是名义工资的两倍以上。另外还规定当地工人每年必须有长达6个月的休假。

更有甚者，还对工人们的食谱和住宿条件都作了规定。而当地工人对工作条件的要求也十分苛刻，就连洗衣机坏了，也要坚持等到修好后才去上工。一件小事情处理不好就会引起工人们的罢工。所以，处理这里的劳工问题是最叫人头疼的事情。

恶劣的气候，也影响了一些机器的使用。这里全年温差高达75度。巨大的温差影响了一些设备的正常运转，有的机器只有等到温度合适时才能使用。

尽管施工难度大，工作环境不好，但郑周永牢牢嘱咐部下："不管付出多大代价，为了现代的名誉也要把它完成。"

在背着巨额赤字的情况下，工程于1971年10月在漫天大雪中竣工。通过这件事，使郑周永认识到进入发达国家是多么的艰难。

在国外承包工程中所经受到的各种磨难，让郑周永反思：如何才能既在安稳的国内环境中施工，又能在国际市场上竞争，获得高额利润，使企业不断发展呢？

成立现代汽车株式会社

1967年12月，郑周永在向海外拓展现代建筑的同时，又拿到了"现代汽车株式会社"的生产许可证，开始了梦寐以求的汽车制造业。

从24岁时，郑周永开办汽车修配厂，就与汽车结下了不解之缘。多年来，他越来越认识到，汽车工业可以看作一个国家的经济指标，它的经济地位非常重要。因此，郑周永一直梦想着自己能开办一家汽车制造企业，并为此做好了充分的准备。

早在1950年1月，郑周永将汽车修配厂与现代建筑合并，但他始终也没有忘记他要造世界上最优秀汽车的理想。他曾经表示："现代建筑的前身就是现代汽车！现代建筑和现代汽车是分不开的。"

至1966年，韩国经济进入高速发展期。京釜高速公路开始修建，汽车制造业必将取得更大的发展。4月时，美国福特汽车公司为了向韩国发展业务，派专员来汉城进行市场调查。专员重点调查了韩国从事汽车业的企业。

当时，韩国汽车界就有一个生产"达达"汽车的"起亚"厂和专门生产小轿车的"新进"厂。而在福特专员的眼中，现代建筑只是一个专门从事建筑业的公司，根本没有把它列入调查名单。

郑周永确信：在不久的将来，韩国的汽车生产一定会取得突飞猛进的发展。因为他经常看报纸，已经得到消息：世界银行表示，1971年韩国汽车拥有量可增长6.5万辆。

福特的专员在与"起亚"和"新进"工业接触后，对这两家公司的生产条件不太满意，失望地回国了。

郑周永听到这个消息后，马上让正在美国为丹阳水泥厂建工程寻找资金的四弟郑世永与福特公司联系。他对四弟下了死命令："世永，无论如何也要拿到与福特公司之间的技术协议书！"

郑世永为难地说："大哥，这种事情怎么能说签就签呢？"

郑周永不容置疑地说："还没做你怎么就知道，先做了再看怎么办！"

郑世永得到大哥的命令，不敢怠慢，马上来到福特公司，直奔公司的市场开发部，向部门经理详细介绍了现代建筑："我们社就是靠汽车发展起来的，社长郑周永多年前就是一名非常能干的汽车修配技工，可以称得上是一个汽车专家。"

1967年2月，福特负责海外业务的副总一行，带着信誉调查报告来到了汉城，表示要与现代建筑的最高经营者面谈。

双方见面之后，郑周永从汽车发动机构造到变速装置、启动装置，还有那10000多个部件名称，都背得滚瓜烂熟。这大大超出了他们所设想的汽车技工水平，原本定为3天的面试，只用两个小时就结束了。

随后，郑周永又亲自开车，热情周到地接待他们。在车上，他还将开车的技巧也表述得如数家珍。

郑周永为了让福特公司确信自己是他们最适合的合作伙伴,使出了浑身解数。而他对汽车工业的热爱,他特有的企业家的风度,也深深地打动了对方。

福特公司的副经理后来得出了结论:"郑周永何止是一位汽车专家,他简直就是万能的汽车博士!"

9月,经过双方反复的协商之后,福特公司决定与现代合作;10月末,双方基本达成协议。

12月30日,郑周永办理申请"现代汽车株式会社"的登记工作。他很早就在蔚山买了一块地皮,作为未来汽车厂的厂址。

1968年1月4日,"现代汽车株式会社"正式向世人宣告了自己的诞生!3月,郑周永开始在蔚山修建厂房。福特公司的人曾断言:"现代至少要用3年时间才能将厂房建好。"

已有多年建设经验的郑周永对此不屑地一笑:"我用不了半年就能完工。"果然,当年11月,由现代汽车生产的"柯蒂"牌轿车就源源不断地开出了工厂。

郑世永负责工厂事务,他在5月就派了两个人去日本福特公司学习售后服务,还派人去澳大利亚学习生产技术,去美国大都市里的"福特"代理店学习销售和设计装潢。

郑周永有非常强烈的爱国情怀,他一直强调:"为了推动本国汽车产业的发展,带动祖国相关产业,我们一定要逐步实现汽车国产化。"

1969年1月,郑周永将现代建筑系统的企业改为集团制,以现代建筑为母体,将"现代汽车"、"现代丹阳水泥厂"等定为子公司,郑周永亲任现代集团会长。

与福特公司的第一个技术合作协议期满时,郑周永提出,在第二份协议书中,与福特公司双方提供的汽车部件的比例改为各占一半。

12月时,商工部提出了汽车国产化的三年计划:从1970年起,全面禁止"新进"的"王冠四通"、大众车、柴油大客车等7种车辆的生产。为了促进几种标准型国产化的进程,要建设发动机厂的车体锻压厂。两个月后,商工部又提出了发动机铸造厂的一元化:至1970年3月15日,取消4个发动机铸造生产厂家中的3个,只保留一个。

这时,郑周永产生了一个设想:将福特公司拉进来,合资办发动机厂。

随后,郑周永直接去找总统朴正熙说:"汽车国产化三年计划,从开始就是完全错误的政策,是无视产业实际的举措。发动机是汽车的心脏,而政府既然要把那么重要的部件一元化,却又说合作投资为优先条件,我们的汽车公司样样落后于外国,如果搞合作,那只能乖乖地任他们摆布,又怎么能实现百分之百国产化呢?这样会抑制竞争,提倡垄断。如果一个人跑马拉松,就不能创造纪录。没有竞争对象,就没必要提高产品的质量,也没有必要提高生产效率。这样下去,企业是不会发展的。只有通过竞争,才能得到锻炼、提高和发展。"

朴正熙却说:"不是让4家企业互相竞争过吗?结果国产化不是照样搞不好?"

郑周永说:"并非如此。'新进'受到了政府强有力的支援,到1966年,它垄断了汽车组装线。但'现代'、'起亚'、'亚细亚'后来参加组装之后,国产化就提高了很多,这不就是竞争的结果吗?"

朴正熙一支支地抽着烟,并不说话。

郑周永接着说:"合资之后,在学技术、确保市场等方面是有肯定的一面,但是,人家不会白白给我们投钱,也绝不会轻易地向我们提供高新技术,他们想的只是多卖自己的汽车。这种合作环境,要到哪年哪月才能实现我们的国产化呢?我们的技术和资本都很薄弱,仅凭我们自己的力量去实现很难,3年肯定不够。要想降低对外国合作投资的依赖,就要在国内继续长期的竞争体系,那么我们的汽车国产化就为时不远了。"

朴正熙终于被郑周永说服了。随后,商工部发表了汽车产业保护措施:"至1975年为止,要实现80%的汽车国产化,努力开发符合我们实情的小型汽车。"这实际上就否定了发动机的一元化政策。

1970年,郑周永与福特公司谈判合资的事情。但是,双方在投资比例上产生了分歧:郑周永坚持现代与福特公司按51∶49的比例投资,但是福特却不答应,双方陷入了僵局。

3月15日的期限马上就要到了,但是福特公司却不同意,一开始还坚持各占一半,后来郑周永看到时间不够而即将妥协的时候,他们却又由原来的各一半改为60∶40。这个意图非常明显,他们将来就是要吞并现代,建立一个新的公司。

郑周永听福特公司的谈判代表说完意见之后,非常生气:"我挂的招牌不论是新的还是旧的,绝对不能摘。我从未在中途打过退堂鼓。事业一旦开始,不论多么难做,多么难成,不达目的决不罢休。既然我已经下决心开始,那就一定要把它做好,直至成功。"

说到这里，郑周永气愤地站了起来："若是你们无意跟我们合作，那就明说好了。我早就看出来了，你们认为我们韩国市场小，不值得你们投资。我看这件事就算了吧！从现在开始，我们要研制自己的发动机，韩国汽车要百分之百地国产化！即使给我万两黄金，也别想把我现代的牌子摘下来！"

说完之后，郑周永就拂袖而去。

与福特中止了合作之后，郑周永向现代发出了实现汽车国产化的号令，负责现代汽车的郑世永立即采取行动。

首先遇到的难题就是资金问题。郑周永对四弟说："世界上有许多人需要向别人借钱，但同时，也有许多人需要把钱借给别人。银行现在已经遍布了全世界各个国家，它不就是专门借钱给别人的吗？你去跑跑看，关键是要用我们的信誉取得人家的信任！"

于是，郑世永开始到世界各国寻求支持。他从英国、法国、日本等银行各筹到了一大批贷款。

郑世永在寻求贷款的同时，还带着技术人员到了意大利，与专门从事汽车设计的伊达公司签订了1200万美元的设计合同。然后又来到英国，为现代汽车制造厂物色汽车制造方面的专业人才，他费尽口舌说服了刚从一家汽车制造公司副经理位置上辞职的乔治·敦布尔，让乔治专门为现代研制新型汽车。

同时，郑周永在国内也没闲着，他与日本三菱公司签订了一项技术转让协议，由三菱专门帮助现代研制发动机等重要部件。

1973年时，朴正熙总统又提出了要在20世纪80年代初实现年产汽车50万辆的目标。当年9月，朴正熙又指示有关部门，要在1975年年底之前彻底实现汽车生产国产化。

政府制定的这一项项大力发展重化工业的经济发展政策，以及优越的外部条件，都给了现代发展汽车业创造了良好的条件。郑周永开始在汽车行业里大干一场了！

1976年1月，第一批国产轿车"福尼"正式驶出"现代汽车制造厂"的大门。至此，韩国成为世界上第十六个能够完全自行生产小轿车的国家。1月4日，现代集团在光化门新落成的本部大楼正式投入使用。这天，郑周永在大会议室里组织了一年一度的庆祝会。

郑周永在新年致辞中说：

"五一六"之后，我们国家经过两个经济开发五年计划，经济获得了高速发展。但是，应该指出，目前我们国家的经济正面临着巨大的困难，一向支撑我国出口的轻工业在国际竞争中已失去了地位，政府不得不进行经济政策调整，重点发展重化工业。

可由于技术力量不足和实行中屡犯错误，使重化工业体系至今未能确立起来。近年来出现的世界性经济危机、石油制品及其他原材料价格上涨，使我国经济及我国企业都受到重大考验。我们现代集团的处境也是如此。

我们面临着考验，同时也面临着新的飞跃。托恩比曾经说过："逆境使人变得强大并获得新的发展动力。"我认为这是极为正确的、积极的思考方式。

古往今来，凡是有所作为的人或团体，无不采取这种态度。战后的日本企业，不就是经历了困难之后而发展起来的吗？我相信，我们的现代集团必将如此，困难之后便是胜利。

一个人，一个团体，或是一个企业，它克服内外的力量来自哪里？来自它自身，也就是说来自它的精神力量，来自它的信念。没有这种精神力量和信念，就会被社会淘汰……

　　每位成员都应意识到现代集团所肩负的这种历史使命。我们已拥有了克服任何困难的资本，这不是用一定数量的金钱便能体现出来的，它比金钱更宝贵，它就是"现代精神"。

成立现代造船株式会社

1972年,郑周永又把眼光投向了造船工业。

早在20世纪60年代初,郑周永就有了建设一个造船厂的梦想。尤其是朴正熙上台之后,推行加快工业化建设的方针,提出了"经济增长第一"和"工业立国"的路线,把促进经济调整增长和实现国民经济现代化作为首要目标,形成了以出口和参与世界经济为重点的外向型经济发展模式。于是,韩国各财团互不相让,都想在重化工业中占有一席之地。

1966年,郑周永到海外出差,他在日本东京遇到了现代的一位分会长李春林,于是两个人一起去参观了横滨船厂、川崎船厂和神户船厂。在参观回来的路上,郑周永向李春林提出了想要在国内建一个造船厂的构想。

李春林担心地说:"可我们从来没有涉足过造船业呀!"

郑周永解释说:"在国内把船造好,再拿到国际上去卖,既免去在别国承包工程所受的各种不平等的待遇,又可以获得丰厚的利润。虽然现代目前对造船还相当陌生,可是造船业同其他产业相比，在技术和操作程序上相对单一，与建一座高楼差不太多。我们是综合性的公司，拥有机械、电机等各方面的技术人员，具有相当的实力，造船应该是没有问题的。"

第二个经济发展五年计划期间，政府制定了以优先发展钢铁、综合机械、石油化学、造船为国策的方针。副总理金鹤烈有一次与郑周永见面时，就曾建议郑周永建设一个造船厂。

郑周永这时敏锐地意识到：造船业虽然是风险很大的产业，但可以给很多人提供就业机会，它能扶起很多相关的产业，对韩国来说，建设造船厂是非常必要的。

这时，英国一家权威性市场调查机构对市场造船业的状况做了详细的分析，对未来10至15年世界造船业的发展趋势做了科学的预测，这更增加了郑周永的信心，他说："既然政府说要做，那我就试试吧！"

1969年现代集团成立后，郑周永的计划也已经酝酿成熟，他在集团内部高级会议上说："当前，政府正在集中力量发展重化学工业，并且对介入重化产业的企业给予政策上的优惠待遇。虽然我们现代以往主要是从事建筑工程，但是我们不应该坐视这个机会，我们要抓住它，使我们现代集团更上一层楼。同电子和有色金属相比，造船业比较单一，而且我们现代还有重型机械，有一定的基础。你们看，现代集团就从造船入手，在国家这次产业政策调整中，闯出一条新路来，怎么样？"

大多数高级干部都对郑周永的提议表示赞同，不过有的干部也提出："我们一无经验，二无技术，靠什么去造船呢？"

郑周永看大家的积极性已经被调动起来了，就接着鼓励说："在我看来，我们既有经验又有技术。造船不过就是用一块大铁板做成个大铁箱,然后在铁箱里放上发动机,让它漂在海上罢了。我们曾建过那么多发电厂和炼油厂,设计过各种各样的铁板,也焊接过各种类型的铁板。造船对我们现代的工人来说,根本不算是什么难事。"

听郑周永这么一说,大家也都充满了信心。

1970年3月,公司下设造船工作部,并着手选址征地等基础工作。

接下来,郑周永开始了让他头疼的"贷款大攻关",最初的计划是50万吨级,那就要修建900米长的船坞。而这就需要各种大装备和机械,单是买机械一项就需要8000万美元。

可是郑周永跑遍了所有的地方,也没筹够这些钱。1969年冬,他无奈地找到金鹤烈说:"什么地方都跑到了,但他们就是不给我们贷款。看来我只好放弃造船厂了。"

金鹤烈为难地说:"这怎么好放弃呢?我已经把你的情况上报给总统了。而且第三个经济发展五年计划重点就是发展造船业,还要在'四五'期间使我国成为船舶出口大国。你现在要放弃,我在总统前也不好开口了。"

几天以后,金鹤烈让郑周永去一趟青瓦台,说朴正熙总统要亲自和他谈谈。

见面之后,郑周永向朴正熙抱怨说:"我为贷款的事在世界各地奔波,可日本、美国都不太信任我们。他们说韩国还处在初级技术阶段,即使能造,也不可能造出超过5吨级的船。都是这样的口气,根本不想贷给我们款。我实在干不下去了。"

朴正熙听罢,对着金鹤烈大声说:"以后凡是郑周永会长要做的事,一律拒绝好了。政府根本不要理这个人!"说完就默默地坐在沙发上抽闷烟。

郑周永不敢多说，也只好呆坐在那里保持沉默。

过了一会儿，朴正熙递给郑周永一支烟，然后说："一个国家的总统和负责经济的副总理都积极支持你，你一个堂堂的会长，还能说不干吗？还能说放弃吗？当初你要干的时候就以为很容易吗？不也是知道有困难吗？事已至此，不论遇到什么事，不管你用什么方法，也一定要接着干下去。如果试一下就打退堂鼓，那还能干成什么事？"

郑周永惭愧地看着总统。

朴正熙接着说："郑会长，日本、美国去过了，那就再去欧洲看一看嘛。"

郑周永见总统都这样说了，他感到了肩上的重任："好的，我一定尽全力去完成。"

后来，郑周永了解到英国在欧洲的政治、经济和外交等所有领域具有极大的影响力，英国的勃克利银行是欧洲的金融中心。

1971年初，郑周永来到了英国伦敦，并建立了一个现代的办事处。他找到了英国的埃普道路勒技术公司总裁，那位总裁听了郑周永的构想后，想了一下回答说："目前，一是没有船主，二是对韩国的实际情况和生产能力还没有多少了解。"

这一时期，郑周永总是随身带着一张500元的朝鲜旧纸币，逢人便掏出来炫耀一番，仿佛那是一件稀世文物一般。在那张旧纸币的背面，印着朝鲜15世纪李朝时期将军李舜臣发明的龟甲船。

正是这种龟甲船曾帮助李舜臣将军击败了日本丰臣秀吉的侵略。因此，李将军成了民族英雄，而龟甲船也就成了朝鲜最有名的战舰。不知真相的人还以为郑周永真的是一位古纸币的收藏家呢！

郑周永再次表现出他超人的智慧，他从口袋里拿出那张旧的纸币，指着上面的图案对总裁说："总裁先生，您看，这张钱上的船叫龟甲船。我们国家在1500年就造出了这样的铁甲船。我听说英国是1800年才开始造船，这么算起来，比韩国还要晚300年呢！"

总裁听了郑周永的话，不由得哈哈大笑起来。随后，他们痛快地向勃克利银行出示了现代有能力建造大型船厂的证明，并写了推荐信。郑周永又到了斯克特里斯格造船厂，拿到了他们的船舶设计图纸。然后，郑周永带着这两样东西来到了勃克利银行。

银行专门负责海外谈判事务的副总裁接见了郑周永。看了那份证明和设计图纸之后，又与郑周永交谈起来。

通过交谈，副总裁很满意，他说："郑会长，我发现您确实是一位优秀的企业管理人才，而且反应迅速，思路清晰。请问您是学理工科的还是专攻经济管理的？"

郑周永是小学毕业，他每次都因为别人问他这个而不好意思，这时他灵机一动，答道："我曾为贵银行提供了一份发展造船业的计划，不知您看了没有？"

副总裁说："嗯，我看过了，写得不错。不过我是想问……"

郑周永笑了一笑说："那份发展造船事业的计划书就是我的专业。昨天，我去牛津大学参观该校的毕业典礼，把那份计划书拿给他们看，他们看了，当场就授予了我经营学博士学位。就这样，我昨天刚刚获得了牛津大学的博士学位，而那份计划书就作为了我的学术论文。"

说完，副总裁和郑周永都哈哈大笑起来。副总裁笑过之后说："好吧，我们银行将把您的'牛津幽默'和计划书一起交给出口保险局。祝您走运。"

银行最终认定：韩国的现代集团是一个有信誉、有实力和潜力的企业，具有造船的能力，而且也有能力把船销售出去。

出口信用保险局的最后审批是获得贷款的关键。但他们却表示，必须让郑周永能拿出有买主来订购他的船的证明，才能批准这笔贷款。

郑周永只好再次使出浑身解数，为那根本不存在的船寻找它的买主。于是，他让办事处的人拿着手里刚买下的那片厂址的荒地照片和从斯克特里斯格公司借来的26万吨级的油轮设计图纸，开始了"疯狂"的推销，见到有可能的买主就热情地介绍："如果您有意购买我们的船，我们将会从英国勃克利银行得到贷款，在这块美丽的土地上建立船厂，并为您建造满意的船。"但人们怎么可能被这群"疯子"轻易说动心呢？

经历了无数次的失败之后，郑周永却意外地结识了到伦敦来的希腊船王利巴诺斯，于是他抱着极大的希望去找他。

郑周永把资料拿给利巴诺斯看，然后坦诚地说："如果您有意订购我们的油船，我保证将按时把世界上最好的油轮交到您的手上，而且价格绝对要比其他人低。如果不能按时交船或者有不符合您要求的地方，您可以撕毁合同不要这艘船，我们也会退还给您保证金和利息。这一切都由银行来做担保，您可以放心。如果您同意给我这个机会，定金也可以分期支付。"

这年夏天，郑周永与利巴诺斯一起来到瑞士，在船王的别墅里，签订了订购两艘26万吨级油轮的合同。郑周永从利巴诺斯那里得到了13亿美元的定金。

有了资金，造船厂的事就顺利多了。

1972年3月23日现代造船厂奠基修建，造船厂开始挖掘船坞是在开工典礼的前一天,朴正熙也参加了开工典礼。但是这时金鹤烈副总理却去世了。

朴正熙在开工现场即兴地嘱咐当地居民:"诸位的子弟出海打鱼,迎风斗浪,有时船翻人亡遭受不幸。如果建成了这座船厂,将来定会给大家很大的帮助,所以希望广大居民、渔民全力协助和支持造船厂的建设。"

1973年4月,蔚山造船厂举行1号船奠基仪式,正式投产。同时,郑周永第二次扩建丹阳现代水泥厂,并为汉城市民在西冰库新建了现代化的居民住宅小区,深得汉城市民的欢迎。

郑周永为了船厂能早日建成,整天忙碌于汉城和蔚山之间,一半时间睡在汉城,一半时间睡在蔚山。在蔚山时,他从凌晨三四时就起床巡视施工现场。

11月的一天,郑周永凌晨3时被外面的大雨声惊醒。他马上叫起值勤人员李正一,开着吉普车出去巡视。突然,车灯照到前面有块大石头。郑周永猛踩刹车急打方向盘,结果车子翻着跟头扎进了海里。

由于下大雨郑周永关严了所有车窗,冰冷的海水并没有涌进车来,但却从加速器那里渗入。

郑周永背靠着一侧车门,伸直两条腿抵着另一边的门,把门开了一条小缝,让水慢慢渗进来,等车内压力大一些,他使足劲爬出车来。一下子,暴风骤雨和又苦又咸的海水灌进了他的鼻子和嘴里。

郑周永奋力抓住了一根作为挡海水混凝土墙的钢筋挣扎着,又为了顾及面子不愿脱掉鞋子,就向200多米外的岗哨喊着:"喂——"

一个警卫听见跑了过来。他看着水中的人,问了一声:"你是谁?"

郑周永大声回答:"我。"

警卫看不清,又问:"'我'是谁呀?"

郑周永实在忍不住了,怒声喝道:"臭小子,问什么问,还不快拿绳子来!"

警卫这才听出是社长的声音,可慌忙之中仍然傻乎乎地问:"哎呀,是社长啊,您怎么到那儿去了?"

郑周永都快被他气晕了:"喂,小子!快先拿绳子去!"

警卫急忙拿来绳子,扔给郑周永,郑周永把绳子绑在腰上,挣扎着爬上了岸,到迎宾馆去换衣服。

职工们听到消息,都跑到迎宾馆去探问情况。妹夫金永柱吓得脸都白了:"怎么回事?"

郑周永苦笑着说:"水还挺凉快!"

12月28日,郑周永成立"现代造船株式会社"。现代造船厂从破土动工到正式竣工,只用了27个月的时间。在这段时间里,郑周永还完成了防波堤工程、疏浚港湾工程、修建码头、挖船坞,还建了14万坪的厂房。

同时,郑周永还招募船厂工人,并为5000名职工修建了职工住宅。

由于郑周永与英国方面的关系,他被选为韩英经济协作委员会韩方会长。

1974年6月28日,郑周永的现代造船厂竣工典礼暨制造的最初两艘超大型油轮命名仪式在蔚山隆重举行。

那是一个晴空万里、云飞雀跃的日子,蔚山海水一片碧绿,两艘超级油轮仿佛两座钢铁巨山,在海边与蔚山相互呼应,其势蔚为壮观。在成千上万的宾客中,有许多著名人士,如韩国总统朴正熙及其夫人陆英修,希腊船东利巴诺斯,美国塞尔石油公司董事长麻克伯兹等都出席了这一隆重的仪式。

总统夫人陆英修还亲自把两艘油轮命名为"峨特尔莱蒂·伯伦号"和"峨特尔莱蒂·伯伦尼斯号"。

当两艘油轮缓缓下水时,全场爆发出热烈的欢呼声。韩国总统以及每一个韩国人都无不为之兴奋,因为郑周永为韩国造船事业创下了壮举。同时,那些曾经嘲笑和攻击郑周永的人也不得不在这巨大的超级油轮面前折服,从而对郑周永钦佩万分。

"伯伦号"和"伯伦尼斯号"的下海起航,象征着郑周永的"现代集团"又开始了一个新的航程,它将载着郑周永驰向新的世界。

1973年4月,由于郑周永在造船事业及建筑领域的巨大成功,韩国政府为了表彰郑周永的杰出业绩,授予他韩国企业家最高荣誉勋章"金塔产业勋章"。

此后,郑周永的"现代造船"在事业上取得了辉煌成就。20世纪70年代,正是世界造船市场行情看好的时期。1967年阿以战争以后,苏伊士运河被封锁,西方国家从阿拉伯国家采购的石油必须绕道非洲好望角才能运往欧美,因此油船越大运输石油则越经济,于是对于大型油轮的需求猛增。

而当时郑周永的现代造船厂工人的工资只及世界造船工人平均工资的1/3,如此低的劳动力成本,使其船价低于国际市场价格15%左右,从而大大地增强了"现代造船"在国际上的竞争力。

同时,郑周永大力发展造船业,正好迎合了韩国政府把经济重心转变到重工业领域的经济政策。因此，郑周永的现代造船不仅垄断了国内的造船业，还可以获得低息贷款、出口退税等一系列的优惠政策，进一步加强了他在国际市场的竞争力。

郑周永进军造船业，还有一个目的，就是要在经济领域向日本发起挑战。在郑周永加入造船业以前，日本企业一直占据着世界造船业的头把交椅。特别是日本的三菱重工公司，更是世界造船业的佼佼者。因此，郑周永一踏入造船业，就把矛头指向了三菱公司，处处与之竞争，希望有朝一日能打败这一"钢铁巨人"。

经过数年的努力，到了20世纪80年代，郑周永的现代造船已经取代了日本的三菱公司，成为了世界上最大的船舶制造商。

勇敢杀入中东市场

1975年6月,郑周永再次拓展现代集团的经营领域,勇敢地向中东市场迈进。

进入20世纪70年代后,石油危机爆发,油价大涨,除了中东产油国之外,世界经济进入低潮期。韩国是生产和消费完全依赖石油进口的国家,经济情况恶化加上通货膨胀,面临着崩溃的危险。

1973年10月,中东战争爆发,阿拉伯国家突然宣布实行石油禁运,抵制支持以色列的西方国家。

这时的现代集团拥有建设、汽车、水泥和造船等企业,在国际国内经济不景气的条件下,仍然能保持着增长势头。不过,汽车和造船业受到的影响相对比较大一些。

郑周永为了拯救韩国经济,决定向中东进发。他在集团会议上说:

中东是使世界经济不景气的根源,但也是打破目前这种局面的关键。打进中东市场,既是一个极富诱惑力的挑战，也是现代建筑打入国际市场的绝好机会，我们决不能坐失良机！"

但是郑仁永却提出了反对的意见："在当前的经济情况下，现代只要保持现状就可以了，不必再去冒这么大的风险。"

郑周永马上反驳二弟说："如果给我们的生活画一条界线，那就永远也找不到使企业得到发展的方法。商场如战场，防御的难度要远大于进攻。谁掌握了主动，谁就能取得胜利，而保守只能导致落后挨打。一个企业无论多么有实力，如果不思进取，就永远也抓不住好机会，也更谈不上发展。"

郑周永马上制订了向中东进军的计划，命令负责国外事务的社长郑仁永和副社长权奇泰立即到中东了解情况。

郑仁永因为反对郑周永向中东进军的计划，所以拒绝了科威特对现代的几次邀请。而权奇泰却不得不服从郑周永的安排，自己先飞到日本东京转机，然后到中东去调查。郑仁永暗中嘱咐权奇泰："承包工程一定要谨慎行事，到东京后立即与总部联系。"

权奇泰到达日本羽田机场时，又接到郑仁永的电话："在中东的一切行动必须向我汇报，由我决定是否请示会长。"

权奇泰来到中东，立即着手了解中东的建筑市场，并写了一份详细的报告，分别寄给郑周永和郑仁永。

当时中东的国家允许在当地施工可以自带本国工人，用本国工人。郑周永认为，这样既可以降低工程成本，也能解决本国的就业问题，这是一举两得的好事。

郑周永研究后决定，先承建伊朗造船厂。因为这种工程对现代来说十分容易，所以郑仁永也没有反对，并亲自赶赴伊朗签订了合同书。

1975年6月，伊朗造船厂工程正式开工。郑周永也把1975年定为中东之年。为了进军中东，他在集团进行了阿拉伯语讲座，并用阿拉伯语摄制了一部介绍现代的录像带。

伊朗造船厂工程动工后不久，现代驻英国伦敦办事处的职员阴龙基有一次与一个日本朋友在一起吃饭，那位日本人无意中说："最近，中东几个产油国家集资要在巴林修建一座大型的造船厂。OPEC将造船厂的招标工作交给了英国、葡萄牙和希腊三国合资成立的吉普·普罗帕布里技术贸易公司负责。"

阴龙基马上利用关系了解此事，并向郑周永发了一份急电："巴林将修建一座阿拉伯造船厂，目前正在伦敦开始招标，请总部速将资格申请书传给伦敦办事处。"

不过，由于现代刚刚进入中东，对市场动态了解不够，这时，巴林造船厂投标资格申请工作已经结束了。阴龙基又托人与经营者葡萄牙代表见面，详细介绍了现代的基本情况，并提出请允许他们补交资格申请书。

葡萄牙人同意了，但却说："你们必须在两天内交上申请书，否则就取消对现代的申请。"

郑周永立即组织有关人员编制现代经营的详细材料。当阴龙基接到这份电传时吃了一惊，电传纸竟然有两米多长。

阴龙基立刻安排工作人员编写申请，第二天一早就把申请书交给了葡萄牙代表。

8月份，经营方正式通知现代参加招标。

郑周永派田甲源率领一个技术小组赴伦敦参加工程投标："这次只许成功不能失败。只有拿下这项工程，给世界石油输出国组织

OPEC一个好印象，我们才能在中东站稳脚跟。"

随后，郑周永又给在中东出差的郑仁永和金胄信发电报，让他们立即飞往巴林协助田甲源夺下这项工程。

金胄信接到命令立即飞往巴林。但郑仁永却拒绝执行郑周永的命令迟迟不肯动身，并且还给田甲源发电报说："将工程报价提高到3亿美元。不接这项工程，以后的事情由我负责，否则后果自负。"

田甲源左右为难，与金胄信商量。金胄信说："我们既然来了，就不能白跑一趟，这不符合现代勇于进取、不屈不挠的精神。我们先拿下工程，以后若是不想干，再另想办法。"

投标结果，现代顺利拿到了修建巴林造船厂的工程。

巴林造船厂工程到手时，郑仁永决定向郑周永辞职，离开现代。郑周永再三挽留他："二弟，此时中东市场刚刚开辟，正是用人之际，你走了我到哪去找人？"

可是郑仁永去意已决："大哥，我一直想去做我自己的现代洋行，请你尊重我。"

郑周永心里非常难过："好吧，但是你记住，社长的位置我为你保留一年。"

郑仁永走后，郑周永让权奇泰接任了郑仁永的位置，并特意叮嘱说："中东工程事关重大，成功了我们就能真正跻身于世界建筑行业。这关系到我们现代集团日后的发展。所以我希望你在这段时间里把全部工作抓起来，尽一切力量把这个工程搞好。"

权奇泰郑重地答应了郑周永："请放心，我一定竭尽全力！"

1975年10月，巴林船舶修造厂工程正式开工。

随后，现代集团又参加了沙特阿拉伯朱拜勒产业港工程的投标。

1975年秋，受沙特国王委托，英国工程设计公司制作了朱拜勒产业港工程设计图。沙特阿拉伯决定兴建朱拜勒海湾油港，预算总额为10亿至15亿美元，并向全世界各大承建公司进行公开招标。

这项工程十分庞大，总体上包括陆地和海上两项工程，以及"海上输油总站"。建造这座距离海岸10千米的海上输油总站，光是结构部分就需用10万吨钢材，浩大的底部工程共需89座长20米、宽18米、高63米的巨形沉箱，每座沉箱相当于一座20层高的楼房。

当沙特阿拉伯宣布这一"本世纪最大的工程"的时候，立即引起了世界建筑商们的关注。当时，号称"欧洲五大建筑公司"的西德"菲利浦·霍斯曼公司"、"来柏林公司"、"包斯卡力斯公司"，英国的"塔马公司"，荷兰的"史蒂芬公司"，联合霸占着中东的建筑市场。无疑，它们是这一世纪工程最有力的竞争者。

另外，美国、法国等国家的头号建筑公司也远道而来，决意参与朱拜勒海湾工程的角逐。

郑周永也得知了这一消息，他让公司干部一齐开会研究。所有人详细研究了这份工程设计，都异口同声说："又大又难，不能承办！"

但郑周永还是决定投标这项世界第一的巨大工程。他下令伦敦的阴龙基力争投标资格。

阴龙基接到命令，马上开始说服负责审查和推荐的威廉·哈克劳公司："自从去年10月进驻中东以来，我们承包的第一项工程就是巴林的阿斯里造船厂。我们是在短短的一个月之内，在远离祖国的土地上，靠我们灵活机动的工作能力，做好了工程的全部准备。我们正在建造沙特的海军基地。我们曾在你们英国的协助下，在最短的时间内建造了蔚山造船厂。"

威廉·哈克劳公司同意了现代集团的资格申请。

郑周永分析比较了100多页的计划书和综合材料,并研究了美国、英国、西德、荷兰等其它9家公司,把投标价定为8.7亿美元,并亲自带着田甲源一起前往利雅得参加投标。

田甲源说:"会长,8.7亿美元,我看可能低了。"

郑周永却强调说:"中第二名就等于失败了。我们赔一点没关系,就当是为技术工人提供赚取美元的机会。"

1976年2月,郑周永带领他的顾问兼律师方仁久和现代造船株式会社社长郑文涛等飞抵巴林,亲自谋划指挥这场激烈的"朱拜勒产业港工程"的夺标战。

可是当郑周永抵达巴林的时候,西方已有9家著名的公司入选投标了。为此,郑周永凭着曾在巴林承建过"阿拉伯船舶修配厂"和"沙特海军基地"的资本,跻身于投标者的行列。

尽管郑周永的现代集团只是一个姗姗来迟的插队者,但是却引起了竞争对手的广泛重视。有的公司表示愿意同他合作,一起承包工程;也有的公司干脆提出,只要郑周永退出竞争,马上就支付给他一笔可观的补偿金。

但是这一切"好意"都被郑周永一一回绝了。他看中的不是金钱,而是打入中东市场进而扬名世界的机会。

正当对手纷纷向郑周永表示亲善的态度的时候,他却利用"假情报"的方法向竞争对手施放烟幕弹,以虚假的投标情报来扰乱对手的阵脚。

这么一项宏大的工程,按当时的一般报价,至少应在15亿美元以上,因为投标者的报价一般都会略高于招标者的报价。

而按照投标规定，中标者须预交工程投标价格的2%作为保证金。因此，从各个建筑公司筹备的保证金数额上就可以大致地估计出他投标的底价。

当法国最大的建筑公司斯比塔诺尔公司委托郑周永的好友、"大韩航空公司"社长赵重勋前来劝说郑周永放弃这一看似肥肉、实却难咽的工程时，郑周永却利用朋友的中介桥梁，向法国佬提供了一条"假情报"，让赵重勋无意中充当了"群英会"中蒋干的角色。

郑周永在委婉谢绝赵重勋的好意的同时，有意向他透露了自己正在为筹集4000万保险金而紧张准备。由此法国人就判定郑周永的投标报价可能在20亿美元左右，最少也在16亿美元以上。然而，这正是郑周永用心良苦之处，他借朋友的嘴成功地麻痹了对手。

在实际的报价问题上，郑周永是煞费了心机的。他恃着自己旗下的现代重工业及造船厂、汽车制造厂等大企业能够为工程提供大量廉价的装备和建材，恃着自己在巴林建立的"桥头堡"——阿拉伯船舶修配厂，决心使出撒手锏——"倾销价格"，以极低的报价来击败所有的对手。

最初，郑周永经过分析和借鉴国外建筑工程价目表，初步拟定了总体工程报价为12亿美元。这一数目立即得到了所有随从的高级官员的赞同。

但是，后来他发现他的竞争对手太强了，每个公司都是势在必得。因此，经过再三考虑，郑周永对初始报价12亿美元先后进行了25%和5%的两次削减，最后定为8.7亿美元。

1976年2月16日上午9时30分，被邀请参加工程投标的10家外国公司的代表，陆续走进沙特阿拉伯邮政厅会议室。这将是决定郑周永与他的现代企业集团走向世界命运的一刻。郑周永同他的对手们一样，怀着忐忑不安的心情焦急地等待着这最后的一刻。

但当时规定，一个公司只能派一个代表进入投标室，于是郑周永就让田甲源一个人进去了。不一会儿，田甲源就出来了。郑周永看到他表情不太对劲，就问："怎么了，是不是填错价格了？"

田甲源只说了两个字："不是。"

郑周永仍然不放心："那是按我说的填的吧？"

田甲源这时才大着胆子说："没有。"

郑周永一下生气了："那你填了多少？"

田甲源说："9.3114亿美元。"他接着解释说："我怎么想8.7亿美元都太低了，所以我打定了主意：如果因为我的标价而未中标，那我就投海自杀。所以我咬着牙违背了您的命令。"

填完报价数目以后，田甲源便默默地回到了工程投标最高审决机构办公室。那里的工作人员正在紧张地忙碌着，田甲源如坐针毡。

当他听到主持人说美国布良埃得鲁特公司报价为9.0444亿美元时，顿时脸色苍白，跟跟跄跄地来到郑周永面前，嘴里嘟嘟囔囔地说："郑会长的决定是对的，我没有按你规定的去办，自作主张填了9.3114亿美元，结果比美国人多了3000万美元。我还以为……"

见到田甲源半死不活的样子，郑周永感到大势已去，他真想给田甲源一记响亮的耳光，然而这里毕竟不是在韩国，而是在"世纪工程"的招标会议室。

正当他拔腿欲离开会议室时，他的另一个助手郑文涛右手高举着"V"字手势，激动万分地从仲裁室跑到郑周永面前大声地喊道："郑会长，我们成功了！我们胜利了！"

郑文涛的消息使现代的所有在场人员都惊呆了。他们不知所措，不知到底是田甲源错了还是郑文涛错了，真是丈二和尚摸不着头脑。

原来，美国布良埃得鲁特公司的报价是分两部分进行的，仅水上部分就是9.0444亿美元。相比之下，田甲源填的9.3114亿美元的报价是最低报价。

当沙特阿拉伯朱拜勒海湾油港招标仲裁委员会最后宣布现代以9.3114亿美元的报价摘取这项本世纪最大工程的招标桂冠时，在场者无不目瞪口呆，就连郑周永也不敢相信自己的耳朵，更不用说田甲源了。

对于这个报价，西方的所有强劲对手无不惊诧，他们认为郑周永的举动简直不可思议。有人说他是"疯子"，有的人不无嘲讽意味地预言：郑周永势必彻底垮在沙漠里，葬身于朱拜勒海湾的海底。

郑周永为这突如其来的胜利激动得兴奋不已，在会议室里就一把抱住田甲源，并十分兴奋地说："好！我现在就已经十分满意了，田常务已为我们多赚了6000万美元了。"

对于本世纪最大的工程来讲，招标的成功仅仅是万里长征的第一步。虽然这一步是一个决定性的前提，但是真正的成功还要看后头，许多人都想看郑周永如何来实现"倾销价格"的经营决策意图。

为了打好这一仗，郑周永展现了他大胆、坚毅和冒险的精神。工程在按部就班地进行着。

当一个个令人望而生畏的高达20层楼的沉箱耸立在蔚山造船厂的浇注场上时，人们仿佛看到了一排排现代化的建筑群耸立在蔚蓝色的大海旁，它预示着现代向朱拜勒海湾工程迈出了胜利的一步。

然而如何把这些庞然大物运到沙特阿拉伯，使之成为海上石油平台的一块块基石，而不是岸边的宝塔则成了一个问题。

从韩国南部的蔚山造船厂到沙特阿拉伯的朱拜勒海湾，长达6700海里，每趟航程需要35天，还要经过台风频繁的台湾海峡和菲律宾海域，其风险之大举世闻名。而如此巨大的沉箱在这些海域中航行，其危险性必然更大。

经过分析策划，郑周永决定采用立体平台船装载，由10000马力的拖船来拖运。这种平台船，一次可装5座巨大的沉箱，89座沉箱一共需要18次运送。

正式启运沉箱以前，郑周永的助手建议：主张向世界最大的海上保险公司英国劳埃德保险公司投保海上意外险。因为沉箱每座造价5亿韩元，运输途中万一发生意外，一次就损失25亿韩元。

可是，郑周永却坚决反对。因为他的报价要求他尽一切可能来降低成本。如果投保险的话，那么一定会超出预算。于是这89座沉箱在"不保险"的情况下一个个装上了船。

天有不测风云，当到了第八次拖运的时候，险情发生了。当载有5座沉箱的平台拖船驶过亚洲东南部马来半岛同印度尼西亚苏门答腊岛之间的马六甲海峡时，在新加坡的海外与一艘台湾的商船相撞差点葬身海底。多亏当时在此巡逻的美军航空母舰及时搭救才幸免于难。

此后，郑周永的运气还算不错，终于在第十九次航运中把最后一只沉箱运送到了沙特阿拉伯的朱拜勒海湾，顺利完成了万里长征的又一步。

当一座座沉箱移到朱拜勒海湾时，在沙特阿拉伯的外国工程师对此惊叹不已，他们认为郑周永创造了海运史的一大奇迹。

至此，"欧洲五大建筑公司"才开始认输，那些原先认为郑周永将彻底垮在沙漠里的预言者也纷纷改口说："沉箱的运抵，标志着郑周永已获得了一半的成功。"

此后，郑周永又用这种平台拖船，将12万吨以上的廉价钢管、水泥、石板等建筑材料运送到朱拜勒海湾，从而成功地完成了他"倾销价格"的经营决策意图。

郑周永于1978年7月，提前8个月完成了举世瞩目的世纪工程。为此，一向与朝鲜保持密切联系的伊拉克，也把郑周永敬若上宾，使他成了伊拉克头号建筑承包商。那个由"欧洲五大建筑公司"独霸中东建筑市场的时代从此一去不复返。

朱拜勒海湾世纪工程的成功，不仅给郑周永带来了巨额的利润，还使他打开了中东市场。他的现代集团也因此得到了长足的发展。

12月，现代在中东承建的第一项工程伊朗小型造船厂完工，郑周永立即着手筹划争夺伊朗政府还在计划中的大型造船厂的修建工程。

年底，现代集团的营业额已突破1000亿美元大关。1977年美国的一家经济杂志在评选1976年世界500家大企业时，现代名列第278位。

1977年10月，巴林的阿拉伯造船厂竣工，郑周永亲自来到巴林参加竣工仪式。这项工程也给现代集团带来了相当于预算30%的利润，郑周永真是名利双收。

英国政府为了表彰当时任韩英经济协作委员会韩方会长的郑周永，感谢他对发展英韩两国的经济所作出的贡献，特向他颁发了帝国勋章。

1978年，现代集团在海外承建工程的预算总额达到19亿美元。在世界建筑公司中名列第四，在当年的世界500家大企业的排名上升到了第98位。

1979年11月，伊拉克的首都巴格达计划修建几座大商场，现代同德国、法国、印度等国的10家公司竞争，一举夺标。

1980年9月，"两伊战争"爆发，在伊拉克承包工程的其他外国公司都撤离了伊拉克，但现代的工人们仍然坚持在工地上。由于在巴士拉的工地离伊朗的直线距离只有35千米，在双方战斗最激烈时，郑周永决定将大部分员工撤到科威特，只留部分工人在工地坚持作业。

1981年，现代又在伊拉克得到了造价8.2亿美元的住宅工程。1982年7月现代再次得到伊拉克北部预算高达9.6亿美元的铁路修筑权。

至此，现代在伊拉克的建筑市场中已经稳居第一位。

把现代汽车推向全球

1976年新年过后，现代汽车制造厂生产的第一批"福尼"轿车出厂，郑周永和郑世永又开始为它的销路而大动脑筋了。

说起"福尼"这个名字，也是颇费了郑周永一番心思的。郑周永为了给韩国历史上首次完全由国内自行制造的汽车起一个既响亮又生动的名字，特意在报纸上登出征集广告。

广告登出之后，全国各地的来信如雪片一般向"现代汽车"飞来，郑周永安排人统计这些五花八门的名字：阿里郎、道拉吉、现代……

郑周永将他比较满意的名字挑出来，拿到汽车制造厂，让那些女工们挑选。郑周永说："你们女孩子都是兰质蕙心，由你们挑出的名字一定会叫得响。你们看过之后，对所有名字进行投票决定。"

女工们认真挑选、投票，后来结果出来了，得票最多的名字是"福尼"。事情真巧，为汽车命名"福尼"的也是一位年轻的女工。

郑周永于是决定把首批国产轿车命名为"福尼",并送给那位女工一份丰厚的奖品。

郑世永自从汽车厂创建以来,就一直忙碌在其中,先是修建、扩建,再就是精心筹划,引进汽车制造先进技术。

他经常对郑周永说:"大哥,我在实践中得出一条结论:对于汽车制造厂家来说,没有打不开大门的市场。只要把产品质量搞好,我们现代的汽车一定能够走出半岛,走向世界。"

郑周永欣慰地看着弟弟,拍了拍他的肩膀说:"兄弟同心,其利断金。有你这样的雄心,我们一定能成功!"

到了6月份,他们终于接到了第一份海外订单,厄瓜多尔购买了现代6辆"福尼"牌轿车。这是一个良好的开端。此后,在南美、中东和非洲的一些国家的公路上渐渐出现了"福尼"轿车的影子。

1978年,福尼轿车又开上了荷兰的土地,这标志着现代汽车敲开了欧洲的大门。随后,英国、意大利也出现了"福尼"的踪迹。

当时,有一家机构对全球汽车市场做了一项调查,发布消息表示:全世界每年对汽车的需求量大约在4000万辆。其中美国、日本和西欧各为1000万辆,其他地区加上苏联大约1000万辆。

郑周永看着这份调查报告,陷入了深深的思索,他对郑世永说:"我们的汽车虽然在全世界分布很广,但从数量来看,却远远落后于一些名牌企业。我们离真正的世界汽车市场大门还远着哪!"

郑世永说:"我看,我们一定要打开美国市场。"

1980年年初,郑周永让郑世永请美国汽车专家来对福尼汽车进行检测，从设计质量到工艺水平，从安全程度到排污状况，多方面进行严格测试。检测结果表明：现代汽车各项指标都优秀，从法律上获得了进入美国汽车市场的合格证明。

郑周永很高兴，但是接下来检测人员的话又让他心里凉了半截："不过，福尼汽车在价格、耗油量等经济指标上，与美国和日本的汽车相比要远远处于劣势，想跟他们在美国拼是不可能的。"

郑周永着急地问："那有什么办法？"

"没有办法，只能研制新型车来适应美国市场的需求。"

郑周永马上安排郑世永着手进行新车型的研制。同时，他还委托美国一家专门的市场调查公司对美国市场进行调查。

郑周永仍然不放心，又从现代汽车挑选出一批人员，组成市场调查队，专门收集来自美国市民的情报，为研制新型汽车提供依据。

后来，美国调查公司得出调查结果：美国人对轿车的保有量为1.8亿辆左右。每年美国市场对轿车的需求量在1100万辆左右。其中有320万辆是进口车，约占总需求量的30%。而在进口的车辆中，绝大多数来自日本。

不过，由于日本汽车大量进入美国，冲击了美国本国的汽车工业，美国国民的排日情绪日益高涨，美国政府也开始采取汽车贸易保护措施，对日本汽车限额进口，规定每年进入美国市场的日本汽车不得超过230万辆。

郑周永眼前一亮："那剩下的100万辆也是一个很大的市场啊！"他马上又安排现代市场调查队调查日本车辆的情况。

后来调查队得到调查结果：日本汽车之所以能够垄断美国汽

车市场，原因就在于日本轿车在质量和价格上都优于美国国产轿车。

郑周永当机立断，高薪聘请日本退休的汽车技术人员，请他们做现代汽车的顾问和技术指导。就这样，郑周永将日本的先进汽车制造技术和先进工艺引入现代汽车制造中。

1983年，现代开始研制新车。同时，为了博取美国人的心理好感，郑周永决定，在汽车配件上尽量选用美国厂家的产品，给美国人留下合作生产的好印象。

1984年，第一批福尼汽车登陆加拿大，驶进了美洲的版图。到此时，现代汽车已经在全世界60多个国家开辟了新市场。

1985年，现代生产的新型轿车诞生了，郑周永给它起了个很有美国味的名字——"艾克赛尔"。郑周永和郑世永在制订"艾克赛尔"打入美国市场的销售策略中，充分研究了日本人的销售方法。

郑世永分析之后说："日本将美国分成了10个区，每个区设一个销售点，建立起了强大的销售网。"

郑周永却说："但是，这样就会把战线拉得太长。其实每个销售点的营业额都不大，批发商和零售商不得不兼顾其他产品，这反而不利于抢占市场。我们要尽量减少中间环节，保证商人的利益，同时提高'艾克赛尔'的知名度。"

兄弟俩商量之后决定，先在美国精选出一家较有实力并且经验丰富的公司来做"艾克赛尔"轿车的独家代理，同时在下面设立专门经营"艾克赛尔"轿车的零售点，规定只许卖"艾克赛尔"轿车，不得兼营其他产品。

同时，为了确保"艾克赛尔"轿车在美国的地位，郑世永还推出了一项大胆的措施：为用户提供优惠的售后服务。而当时，国外最好的售后服务一般也只向用户提供86%的维修零件，而现代向用户提供的维修零件的比例高达96%。种种政策，都大大增强了现代汽车在美国市场的竞争力。

1986年2月，现代"艾克赛尔"轿车终于打入了美国市场，并在当年就达到了16.8万辆的销售量，并登上了美国《幸福》杂志两大畅销产品之列。现代汽车让所有同行都感到了震惊！

勇敢进入电子领域

1981年1月初,郑周永为庆祝现代集团营业定额突破兆元大关,举行了一个隆重的招待会。驻汉城的各国使节、商务官员、金融机构代表和实业家等500多人参加了这次盛会。

现代集团真正成为誉满全球的世界性大企业。不过这段时期,却正是韩国国内经济低迷时期。

1979年初,第二次石油危机以及西方各国纷纷采取的贸易保护政策,使对国际市场过分依赖的韩国经济再一次陷入危机。企业倒闭,失业率猛增,物价飞涨,各行各业都遭到重创。

另外,由于破产而导致的失业工人示威也此起彼伏,韩国政府下令镇压。而新民党就趁机猛烈抨击朴正熙的高压政策。政党之间的矛盾也越演越烈。

10月26日,朴正熙总统遇刺身亡,原国务总理崔圭夏出任总统。但是,实权却掌握在当时在军政两界都有很大实力的郑升和手中。

12月12日,以戒严司令部调查本部部长全斗焕为首的一批少壮派军官发动"一二·一二"军事政变,以"与刺杀总统有牵连"为由,逮捕了郑升和等40多名高级军官,并对高层进行大清洗,控制住了混乱的局面。

1980年8月,全斗焕上台,成为韩国第十一任总统。他一上台,就对朴正熙的经济政策和产业结构进行了重大调整:将增长第一改为稳定第一,变不均衡发展为均衡发展,提出了"稳定、均衡、效率"的基本方针。并对企业进行了宏观调控,关闭部分设备落后、耗能多、效益低的企业,特别对重化企业进行坚决整顿。

而这时,现代集团已经拥有现代建筑、现代造船、现代汽车、现代车辆、现代水泥、现代重机、现代发动机、现代精工、现代综合商社、仁川制铁、东西产业、京一产业、高丽化学、亚洲商船等26个分公司。

郑周永知道,现代将在这次政府产业结构调整中首当其冲。

不过,郑周永一直认为,企业是国家的一部分,应该服从国家的统一安排。虽然他对政府强行干预企业的做法有意见,但还是在国家困难的时候以大局为重,决定自行解散4个公司,并连夜召开负责人会议,讨论这次企业结构调整问题,着重研究了关闭企业的人员安排等问题。

国内经济不景气,郑周永加强了在海外的活动,在泰国和中东占领了大部分市场之后,郑周永又将现代打进了非洲的利比亚,并与先期在利比亚落脚的韩国"三星集团"和"大宇集团"展开了激烈的竞争,并艰难地拿到了建设利比亚拉斯拉努夫港口工程。

郑周永一贯主张什么都进行自由竞争,对竞争有他独到的见解:"在自由竞争中丧失经济实力的企业自然会被淘汰,任何人为的调整都是完全不应该的。竞争是企业发展的动力,没有竞争,企业也就失去了奋斗的目标。"

展望20世纪80年代，郑周永对经济前景非常乐观，他认为，将来韩国在世界经济发展中所起的作用是承上启下的。他说："韩国同发达国家相比，在劳动力费用上占优势；同发展中国家相比，在技术上相对领先。韩国需要向发达国家学习先进技术，加强与它们的经济合作，同时还要积极地向发展中国家投资。韩国资源分管，必须提高产业结构，同时还需要重视人才培养。文化的形成要靠多年的磨炼，而物质财富的积累却不需要太长时间，只要肯努力，就会在较短的时间里达到预期目标。"

面向世界发展的同时，郑周永将目光投向了高尖端科技产业领域。

1981年12月初，郑周永在集团综合企划室里，成立了一个新规划事业组，着手进行电子事业的基础调查。

1982年，郑周永开始了他的电子工业。4月，他同集团的社长们一起参加了海外逛店活动。6月再次去美国时，顺便访问了IBM，会见了在美的科学家。

8月，郑周永派集团综合企划室室长李铉泰到美国，与侨胞公司签订了关于电子事业技术和有关制品生产作调查的协议。之后，根据调查结果，制定了向电子事业进军的基本战略。

9月，郑周永在江原道利川郡建立起了现代电子工业基地。12月，向商工部递交了事业计划书。

1983年2月23日，郑周永成立了"现代电子株式会社"。20多天之后的3月16日，在美国加利福尼亚州设立了在美法人机构。

这时，有些人对现代进行嘲讽："连什么是电子都不懂，只会制订那些庞大的计划，却做些毫无意义的事情。"

郑周永丝毫不受外界的干扰，只做他想做的事情。每当遇到研究开发的难题时，他就勉励大家："不必太着急，总有一天我们会成功的。"

1983年，全斗焕的经济措施初见成效，韩国经济得到了较快恢复，现代也重新进入飞速发展期。

1983年11月，现代电子生产工厂正式开工；次年4月和12月，开始向加拿大和美国输出车辆电话机。

1985年3月，现代电子与美国TI社和GI社签订了高达4亿美元的订货协定，半导体组装生产步入了正轨。

到了6月，现代电子又承揽了日本理光公司的产品，开始了调制解调器、计算器、电脑配件等的生产和输出。同时对音箱、卫星接收器、低杂音增幅机、无绳电话机等陆续进行开发、生产和输出。

成立峨山财团帮助穷人

1975年10月，韩国政府选定并公布了105个大型企业未向社会公开的业体，同时新闻媒体也纷纷制造舆论，论述企业应该承担的社会责任，促使企业向社会公开。

当时，现代建筑是各业体中收益率最高、最有影响力的一个。

郑周永面对政府的举措及媒体的舆论，一直犹豫不决。他不想简简单单地向社会公开企业的股份。他说："现代建筑是以获取最大经济效益为出发点的，至于挣到的钱怎么用，用在什么地方，还需要经过慎重考虑才能付诸实践。"

郑周永一直在思索这个问题：公开企业股份究竟有什么好处？

分析之后，郑周永认为：好处是，一部分人能买到现代建筑的股票，并能得到利益。但是，那些能够买股份的一般都是富人，他们才有剩余的钱来买股份，而大部分生活贫困的人是买不起股份的。那些吃了上顿没下顿、有病也不能进医院或交不起学费而半路辍学的人，连最基本的生活保障都没有，怎么能买股份呢？

公开企业股份，就是为了给更多的人提供更多的受益机会，而这种企业公开的方式，并不是真正意义上的为社会谋福的举措，也不利于企业履行社会责任。

郑周永由此作出决定："现代建筑的社会责任是增产增收，扶持这些贫困的人，帮助他们摆脱贫困，这一点比企业公开更重要。"

郑周永永远也不会忘记那些为现代建筑的成长默默奉献、无私辛劳的人们。他们不管严寒酷暑，还是风雪交加，都拼死拼活地工作在工地上，为现代建筑奉献汗水和赤诚，没有他们，就没有现代建筑今天的辉煌。

因此，直至1977年上半年，现代建筑也没有向社会公开股份。

但是，到了7月1日，郑周永从现代建筑中拿出了自己个人股份的一半，建立了"峨山社会福祉事业财团"，以发放资金的形式，奖励那些为社会福祉事业作出贡献的人。

现代建筑孕育了现代集团，经过竭尽赤诚的努力及奋斗，现代集团终于发展成国内最大的企业之一。现代建筑基金雄厚，财务结构完备。郑周永作为最大的股东之一，从创业以来，就希望凭借着雄厚的资金和"现代"的发展，给那些生活贫困的人们以更多的希望和帮助。

这时，郑周永有了一个新的梦想：将"峨山财团"发展成仅次于美国洛克菲勒财团和福特财团的世界第三大财团！

"峨山财团"设立了4项事业，分别是医疗、社会福祉支援、研究开发支援和奖学金。首先把医疗薄弱的地区作为发起点，带动投资开发相关项目。

从1977年9月19日至1979年2月4日一年多的时间内，"峨山财团"投资100亿元左右，相继建成了井邑综合医院、宝城综合医院、麟蹄综合医院、保宁综合医院、盈德综合医院。另外，1989年成立了汉城中央医院，随后开设了金刚医院和洪川医院。

"峨山财团"在汉城中央医院开设了"峨山生命科学研究所"，设立蔚山医科大学，以"认真服务，无偿医疗"为宗旨。研究所和大学具有国内最先进的医疗设施，并成功地完成国内最早的心脏移植手术。

"峨山财团"从各个领域，尽最大努力帮助、关心生活有困难的人，积极发展社会福祉事业，并投入巨额资金支援社会福祉团体事业和全国大学教授的学术研究费用。并且还不断地帮助那些生活有困难的孩子家长。

从1989年开始，"峨山财团"又为了增强社会伦理意识，推选并奖励献身社会福祉事业的团体或个人，专门设立了"峨山孝行大奖"。

"峨山财团"逐渐发展成为韩国最大的、实力最雄厚的、享有最高声誉的社会福祉财团。

1995年，"峨山生命科学研究所"荣获大韩民国企业文化奖。

当有记者问到"峨山财团"的意义与价值时，郑周永欣慰地说："我希望'峨山财团'能够发展100年、200年，直至永远永远，这是我一生的夙愿之一。"

记者接着问道："那'峨山财团'需要有强有力的资金后盾，

您有信心吗？"

郑周永双眼放光，自信地说："现在，尽管现代建筑仅用一半的股份作为'峨山财团'的发展后盾，但我会尽我所能争取。我能行使影响的会社股份，无论多少，都将投入到'峨山财团'中去。我想这样才能报答为'现代'发展到今天这样规模而提供最好条件的社会。这是对于一个投入毕生精力使事业发达昌盛的人的最好回报，也是一个人最大的人生价值所在。"

围海造田造福子孙

进入20世纪80年代,郑周永早已是誉满天下的企业家,他先后获得韩国庆熙大学名誉工学博士学位、韩国忠南大学名誉经济学博士学位和美国华盛顿大学名誉经营学博士学位。

此时,韩国政府制订了新的国土开发计划,为此还专门成立了国土开发公社和国土开发研究院。

郑周永出身于农民家庭,对土地有着本能的热爱,他喜欢播种,每次望着一片碧绿的田野,心里都有说不出的喜悦;在金黄的果实中,他感到由衷的满足。

于是,郑周永分期分批从中东运回了350台大型设备,向韩国农水部提出申请,买下了忠清南道瑞山郡的两块公有海面,制订了围海造田、开垦滩涂的计划。

郑周永说:"让大海变成沃土,是造福子孙万代的大事,哪怕是只有巴掌大的地也不应放弃。在国土开发事业中,我们现代作为大企业,应当有责任尽一份力量。我们此举也是为全国其他企业做出一个好的榜样!"

郑周永向农水部递交了申请后，他们大吃一惊："你们投入上千亿元，竟然只是为了开垦一片滩涂。有这样一大笔钱，完全可以买下面积相同的土地了！"

郑周永说："我们国家的可耕种土地非常少，所以我从很早以前就有在西海岸填海造田的愿望。"

他们听后，都由衷地佩服郑周永的勇气，也被他的义举深深打动。不过他们提醒说："您是农业用地申报的，将来您在这两片海滩上造了田，只能进行农业耕种，而不能建造任何工厂。"

郑周永微笑道："我正是这样想的，我国是人口密度较高的国家，人们要世世代代在这片国土上生息，山地要用作人们的休养地，不可进行开发，而开垦滩涂广建农田是解决土地紧张的最好办法。开垦滩涂还可以确保农业用水，可以进行全天候的农业生产。土地休养好之后，就移民来从事农业生产，对解决人口过于集中问题也起到积极的促进作用。不仅如此，还可以利用人工湖泊发展旅游业。"

农水部官员为郑周永这番发自肺腑的言论感动万分，马上就批准了他的申请。郑周永将这两块地取名为 A 区和 B 区。

1982 年 4 月，在赔偿了渔民的损失之后，郑周永在瑞山的围海造田工程正式开始了。工程开始时，先要修建一条防潮堤，将海水围住后，再将海水抽干，建成绿地或农田。

郑周永首先在 B 区开始修建防潮堤，但这一地区潮汐落差很大，尤其落潮时水势很猛，猛烈到甚至能把水鸭子的腿打断。船行到这里也常常会被打翻沉没，自古以来官船从不敢到此。

经过 6 个月的艰苦战斗，B 区全长 1239 米的防潮大堤终于合龙。为了克服潮水对大堤的影响，从 50 千米远的石山采运来四五吨重的巨大的石块，然后用铁丝将两三块巨石绑在一起，用驳船运到合龙口，将巨石投放进去。为了运送这些石块，共动用了140多辆15吨重的卡车。

1983年7月，A区防潮堤工程开工。为了修建这座大堤，要从附近5个小岛采取土石。

郑周永一有时间就到施工现场察看情况。一天，有一位记者来工地采访时正好遇到郑周永，记者问道："郑会长，如果把瑞山围海造田工程与蔚山造船厂相比的话，你心里更喜欢哪一个？"

郑周永爽快地答道："那当然更喜欢造田工程了。造船厂什么事都能事先预料到，虽然施工很紧张，但没有冒险性。"

1984年2月，A区防潮堤即将合龙，这条大堤长6400米，合龙口达270米。

现场指挥向郑周永汇报说："会长，现在流速是8米/每秒，这可是一个艰巨的任务！"

郑周永只问了一句："你就告诉我，能不能成功？"

指挥坚定地回答："保证完成任务！"

结果，用30吨重的卡车往合龙口处投放巨石，刚投进去就被湍急的水流冲走了。

指挥用尽了一切办法，还是没用，他无奈地对郑周永说："就是一辆轿车扔下去，瞬间也会被水冲得无影无踪。"

郑周永默默地观察着，突然他灵机一动："对了，我们蔚山造船厂为了取得废铁，买了一艘废油船，长322米，宽45米，高27米，能不能用这艘油船把水挡住，再往合龙处投石块呢？"

指挥说："那可是花了30亿韩元买的呀！"

郑周永不管这些，他马上向现代精工、现代商船和现代重工业等企业的技术人员发布命令:"想尽一切办法,把那艘废油船安全平衡地放入合龙处!"

2月25日,"现代"旗下各企业通力合作,用郑周永的办法开始合龙。两天之后,A区防潮堤顺利合龙了!

A、B两区工程基本完工时,郑周永站在防潮堤上眺望远方,眼前是一望无际的平原,一条堤坝将淡水湖和农田分隔开来,堤坝上面还建成了公路。

这两片平原,除去湖泊后还有将近3300万坪的可耕地。这是韩国最大的人工农业用地,比著名的粮仓金堤平原还大。

韩国广播发稿的记者在报道时认为,是不是"3300万坪"这个数字搞错了?于是,自作主张将这片新农田的面积缩小了1000倍,于是播音员也就说成了"3.3万坪"。这在当时成了一个笑话。

后来那位记者知道自己弄错了,又赶来向郑周永道歉。郑周永大度地笑道:"这也难怪,在一般人眼中,3.3万坪就已经相当了不起了。"

记者借机又问道:"那么这片土地上什么时候才能进行耕种呢?"

郑周永说:"这次你可要记好数字哦……我看可能要4年至5年吧!因为要完全将土壤里的盐分去掉才行。不过,我们不能等着盐自己从土壤里跑掉,会用我们自己的力量加快这一速度。"

记者不解地问:"那是什么方法?"

郑周永解释说:"在人工湖里残存的海水还很多。因为海水的比重要大于淡水,海水就会沉积在湖的底部。我们计划在湖的底部修排水系统,抽掉其中的海水,再在盐碱地里不断地浇水,这样就会加快去掉土壤里的水分了。"

记者惊叹道:"真是煞费苦心呀!郑会长,许多人都认为改造盐碱地是一项投资大、回报时间长的工程,甚至说这是'往汉江里扔石头',您自己是怎么看呢?"

郑周永想了一下,脸色变得严肃起来:"如果单纯为了积累财富,生产一些消费品,那很容易就会获利。但是,无论多么结实的商品,都有一定的使用寿命。而土地则不然,她就同我们的民族一样,是永远存在的。尤其是我看到绿洲从海面上出现的时候,那种喜悦是无法形容的。那是留给我们子孙后代永远也不会变的财富。"

郑周永说完就想离开,记者赶紧又说:"我还想问您最后一个问题,您在进行这项工程时,最深的感想是什么?"

郑周永听了沉吟了一会儿,这才回答说:"我们西海岸是经过数亿年的时间,由中国的黄河挟带的泥沙形成的。所以大海之下,就是肥沃的土地。如果这些沃土能够跃出海面,那么我不吃饭也不会感到饥饿,这将是我最大的幸福。"

记者钦佩地看着郑周永。

郑周永话锋一转,接着说:"最近许多大企业为了发展产业,建了许多工厂,占用了许多良田。我们为什么不应该多做些围海造田的工程,把大海变成沃土?我们要有不再在农田里建工厂的观念。多改造一些滩涂,减少国民对农畜产品的担心。目前我们国家已经开始了这方面的工作。过去由于资金、技术等问题想做而不能做的事情,如今都可以做到。在我的一生中,虽然做过许多工程,但围海造田,让大海变绿洲,这才是最让我感到自豪的事情。"

全国经济人联合会会长

从 1977 年 2 月至 1987 年 2 月，郑周永 10 年来连任五届"全国经济人联合会"会长。

"全国经济人联合会"成立于"五一六"军事政变之后。当时，新执政后，总是以抑制工商为手段向国民示威，控制民心。首先，他们以漏税为名，拘禁了李庭林、金容完等 20 多位企业家。后来，在美国等自由经济国家的干涉下，才把他们释放出来。

经济界痛定思痛，决心成立全国经济人联合会，第一任会长由大家推荐李秉哲担任。

从第二任会长开始实行竞选制度，李庭林顺利当选为第二任会长。

朴正熙上台之后，正确地把握了当时韩国经济实际状况，为实现国家经济现代化的目标，采取了大胆的改革措施。他对企业家们给予了充分的信任，并以政府为担保为各企业引进外资建立产业近代化工厂，再把产品出口到国外市场。

全国经济人联合会第三、第四任会长分别是金容完和洪在善。

第五任由金容完再次竞选成功。

1977年2月,郑周永由于现代集团的发展壮大,成功当选第六任全国经济人联合会会长。

虽然当选,但由于事务太忙,郑周永开始推辞了好几次。他当时的全部精力都投入到现代的发展上。不过由于人心所向,他也不想辜负大家的心意:"既然坐上了这个位置,那就全力以赴地干好。"

上任之后,郑周永建起了规划已久的会馆。两年后的1979年11月,会馆竣工。

郑周永认为:"联合会不但要发展国内经济,还要提高韩国在国际社会中的地位。"为了巩固与东南亚各国之间的经济往来,他又成立了"韩亚协力事务所"和与欧洲各国联系的经济协作委员会。

郑周永还在全国经济人联合会内部设置了研究完善各种规章制度的机构,对原来那些不合理的和过了时的制度进行不断修改完善。

为了提高本国企业在世界上的竞争力,郑周永带领联合会同仁向政府反复建议,将银行利息降到周边国家的水平,最终政府终于答应了这一要求。

1977年末,政府为了增加税收,废除了对企业的合理收税制度,加强了对交纳法人税后剩余资金所得的控制。

郑周永心里很不舒服:"这样的税制是世界上任何一个国家都没有的。在最高所得税的70%之上,还要再加20%的防卫税;如果营业达到一定标准,另外还要交89%的税,这还让企业怎么搞下去?企业家的收入都是用自己的心血和资本得来的。

这根本说不通。"

郑周永在1977年年底和1978年年初，用了一个多月的时间，组织动员了会长团，让经济界团体也参加，依次访问了副总理和财务厅、工商厅、国税厅等厅长，对不合理的税法进行讨论，努力说服他们："国民有自主权和财产权，增加他们意想不到的额外负担，这在自由民主的国家里是不应有的，是扰乱基本秩序的行为。"

同时，郑周永还带领大家访问了国会议长和财务委员长等有关部门的长官们。

1978年9月，开完国会之后，全国经济人联合会召集起更多的大小企业家，向财务部和法事部强烈抗议税制变更的不合理性。

1979年2月，郑周永第二次当选全国经济人联合会会长，继续组织财界人士对政府提出抗议，与权力部门之间的摩擦也越来越多，许多官员都对他恨之入骨。

1981年2月，郑周永第三次当选全国经济人联合会会长。这时，政府有关部门直接干涉联合会事务，让郑周永让出会长的职位。

郑周永毫不让步，干脆地拒绝了："会长是会员们选举出来的，不是政府权力所能任免的！"

郑周永在任联合会会长期间，一贯以保护和贯彻财界的自律性和独立性为宗旨，他说："时代需要的是小政府和市场自由竞争的自由企业主义。"

可在那时，政界人士和官僚们却对企业强加规定，粗暴干涉，只要遇到不合他们意的企业，就不择手段地进行打压。

郑周永根本不在乎同政治权力之间的摩擦，他一有机会就向那些经济官僚和政治家、经济学家们讲："我们的路就得是自由企业主义的路。政府要减少对企业的干涉，要尊重企业的创意和自由。强行规定这个可以做，那个不可以做，只能导致企业效益滑坡。"

郑周永在一次题为《政府和企业的职能》的演讲中，大胆指出：

> 企业不景气是由政治金融和官治金融导致的，政府的干涉会限制竞争，因此会削弱我国的国际竞争力和经济活力。

这次演讲的听众大多是经济官僚，听了郑周永对他们所制定、执行的政策的批判和否定，更是把他当成了眼中钉。现代不可避免地受到了影响，在国内屡屡受挫。

但是郑周永是个无所畏惧的人，他丝毫没有因为受到打压而放松批判和建议，他说："只要坚信我的想法是对的，那不管有多大困难，我都要站出来为祖国的经济发展讲实话，这也是作为全国经济人联合会会长应尽的职责。"

不仅是对上层，郑周永看到有些企业只追求利润而不顾社会责任，对这些企业也进行了义正词严的反驳和批评。他表示：

> 企业的首要目标是提高利润，用企业交纳的税来发展社会福祉事业。优化分配政策，这就是政府的职能。主张把企业的全部利润还原于社会，是不懂得企业本质的说法。由小企业发展成中等企业，再发展成大企业，甚至发展成为跨世界的企业，这才是国民经济的发展。
>
> 企业只能促进国民经济的整体发展，政府才能在此基

础上办好社会福祉和分配。只有全力以赴搞好自己的企业，帮助国民经济的发展，使之成为社会福祉和分配的基础，才是企业的职能。把企业的所有利润都还原到社会，这是出自于反企业主义潮流的说法。

在郑周永的领导下，联合会的成员们也能自由表达自己的意愿，大家齐心协力，坚决地抵住了政府的各种压力。

在他担任会长的10年间，也是韩国经济飞速发展的时期。这一时期，韩国民间企业人之间的联系大大加强了，民间企业人也能够发出自己的声音，这为韩国经济发展打下了坚实的基础。

为韩国申办奥运会出力

1980年5月的一天，韩国文教部体育局局长登门拜访郑周永，并给他送来一张文教体育部的委任状，任命郑周永为韩国民间申办奥运委员会会长。

郑周永对这一任命深感意外。

早在1979年，朴正熙总统就宣布：

> 汉城将申办第二十四届奥林匹克运动会。申办奥运会，对于东北亚与朝鲜半岛的和平，对于向世界展示我国的经济发展和综合国力，对于建立与社会主义及非同盟国家的外交关系，克服相互隔绝的局面，都是非常必要的。
>
> 同时，通过这种国际性活动，还可以提高我国国民的凝聚力，使全国上下团结一致共同前进……可以说，如果这次奥运会在汉城圆满成功，将成为韩国从发展中国家跃升为发达国家行列的奠基石。

可是，当年就发生了"一〇·二六"事件，朴正熙遇刺身亡，韩国陷入一片混乱之中，国际社会对韩国的军人政府也怀有一定的看法。

在这种不利的条件下，韩国政府仍然在1980年12月向国际奥委会本部正式提交了申办1988年奥运会的申请。

国际奥委会接受了韩国的申请，并于1981年3月派各国奥委会和国际竞赛联盟调查团到汉城考察举办奥运会的条件。

韩国文教体育局的负责人向时任总理南德佑递交了申请所需经费的预算及程序事项的报告。可是这份报告却遭到了南德佑的拒绝："韩日之间竞争奥运会主办权，不可能战胜日本。万一申办成功，高额的举办经费又会导致全国经济的崩溃，甚至造成国家的灭亡。"

总理是这种意见，下面的国会议员当然也不敢轻易作出决定，就连汉城市市长也闭口不谈此事。

可是，这时已经到了5月，如果撤回申办奥运会的申请，必然会影响韩国在国际上的形象。文教总部部长召集与此事有关的各部委的部长开会，讨论如何处理这件迫在眉睫的事情。

韩国奥委会委员金泽寿悲观地说："我们去努力申办，即使再努力，在国际奥委会82张选票中，我们能得到几张？台湾和美国这两票中，其中一票也定会落到加拿大冬季奥运会，这样看来，加上我们自己的选票，大约也只能获得三四张。要想打败日本名古屋，比登天还难！"

文教部长李奎浩这时说："为了保住韩国的面子，在投票表决时不要输得太惨，不妨折中一下，任命一位民间经济界人士来担任'申办促进委员会'会长的职务。"

另一位官员说："可是这一职务本来应该由市长担任。"

李奎浩说："我已经想好了，我看这一职务非郑周永莫属。他赤手空拳在不毛之地创造了辉煌，又靠自身强大的推动力与顽强的意志，把现代发展成为世界大企业，创造了人间奇迹和现代神话，在海外也为韩国企业赢得了荣誉。现在他还担任着全国经济人联合会会长，由他出任是再合适不过了；退一万步说，即使失败了，面对失败的也不是政府，而是郑周永本人，这样，就保住国家的面子了。"

于是就这样定下来了。

郑周永接到任命时，对国内军人政府的情况和申办奥运会过程中发生的事情当然很清楚，但他清楚这件事的重要性，于是痛快地答应了下来。

受命之后，郑周永就立刻行动起来。如今政府、体育团体等有关人员在乐天大厦开会，因为从原则上讲，各部长官都是申办奥运会民间促委会委员。但是只有一位文教部长李奎浩参加了，汉城市市长也没来，只派了一个局长来，韩国奥委会委员竟然一个也没来。

郑周永就向李奎浩提出了一连串的问题："政府究竟有多少诚意申办奥运会？那些国会议员身为促委会会员，连这样的会都不参加，他们真的能协助申办奥运吗？"

李奎浩安慰郑周永说："申办奥运会是总统的指示，而且安企部部长也已经表示了积极支持。"

申办活动将于9月20日在德国巴登巴登举行，韩国布置宣传会场，制作宣传电影以及宣传册等工作却才刚刚开始。郑周永让他们把预算先做出来，后来预算结果是需要1.8亿元。郑周永向汉城市和总理要这些钱，但他们都表示不可能支付这笔费用。郑周永只好让政府签下了借据，自己先垫付了。

后来，郑周永又预算出申办奥运会的总额是8000亿元。这对当时韩国的财政的确是一个相当大的负担，上次主办第二十三届奥运会的加拿大蒙特利尔就创下了10亿美元的赤字，所以政府的担心是不无道理的。

不过郑周永却是个一旦答应就会竭尽全力的人，他想："对什么事情都要充满信心，关键在于人的计划，计划不周密谁都会出现赤字，计划乱了谁都会失败。事在人为，只要周密计划，认真安排，不仅可以避免赤字，而且还能够圆满成功。"

郑周永经过反复思想，制定了一个切实可行的办法：动员一切民间力量，让全体国民行动起来，共同为申办奥运会出一把力。地铁和道路，就算不申办奥运会也得修，不必计算在举办经费之中。赛场与宿舍也不必专为奥运会重建，把已有的那些建筑充分利用就够了。把一些大学的运动场和一些城市的体育场加以改造，就可以用作奥运会的竞技场。这样既节约了资金，还能在奥运会结束后让国民充分利用。

奥运村就用民间资源在环境优美的地方盖小公寓，向国民预售，收回资金，等奥运结束之后再发还给国民。

郑周永还积极地想尽办法，与国际奥委会委员广泛接触。于是他与安企部部长约定，动员全国企业界人士，让他们出面联系他们认识的其他国家企业界人士，从而结识外国的国际奥委会委员。

郑周永坚信："只要全国上下一条心，申办活动就一定能够成功。"但是他也考虑到了失败的可能，所以尽量低调。

几个月的时间匆匆而过，郑周永马上就该出发去德国了。

8月中旬，郑周永对驻法兰克福的现代分公司下达命令，对申办奥运会做好充分的准备工作。

即将出发去巴登巴登之前，政府特意向郑周永推荐了参加申办活动的人选。郑周永毫不客气地排除了那些只想去游览、旅行的人，然后挑选了柳昌顺、李源景和韩国跆拳道总裁李运容等人。另外，他还带上了自己的五儿子郑梦准和五弟妹张贞子，因为郑梦准在大学里学过德语，张贞子在德国留过学，他们可以做翻译工作；当然郑周永也想借此让儿子借机增长一些见识。

临行前，郑周永与大使全真相约定，自己直接去欧洲，全真相先去南美各地，然后大家与安企部动员的企业界人士最后都在巴登巴登会合。

9月15日，郑周永带着一行人先到了伦敦的欧洲奥委会总部，拜见了英国奥委会主席。接下来两天又在比利时参加了韩国的EC研讨会，到卢森堡与詹姆斯皇太子共进晚餐，为申办奥运会做了一系列游说活动。

9月20日，郑周永一行赶到了巴登巴登。现代设在法兰克福的分公司职员已经迁到了这里并租下了事务所，全体工作人员及夫人，甚至保姆已经把事务所的一切都准备就绪了。

但是，这时却没有见到汉城市市长和韩国国际奥委会委员金泽寿的影子。而郑周永听说，日本名古屋市市长和日本国际奥委会委员早在18日已经抵达了巴登巴登，并已经在积极进行申办宣传工作了。

郑周永心急如焚，因为国际奥委会规定，只有国际奥委会委员才可以自由出入世界各国国际奥委会委员居住宾馆，金泽寿不到申办活动的现场，他就无法开展工作。

郑周永向体育会会长赵相镐发着牢骚："到底想怎么样？办还是不办？一个人影都找不到。"

赵相镐马上同国内联系，告诉郑周永："金泽寿委员和夫人已经到了巴黎。"

郑周永说："催他们快点。"

23日，金泽寿才到达巴登巴登，但他一见到郑周永就说："汉城也就能得3票，一票是我投的，另外两票是台湾和美国的。"

郑周永这时哪管得了他那种消极态度，他建议说："我与许多国际奥委会委员都是第一次见面，不妨以你的名义给每位国际奥委会委员都送一个花篮。听说日本向委员们赠送了名贵手表。"

金泽寿却不同意："同样是国际奥委会委员，为什么要用我的名义给他们送花？这有悖于礼节吧，还是悄悄送去吧！"

郑周永忍着满肚子的气，只好以自己的名义，向每位国际奥委会委员送了花篮。

郑周永这一招收到了奇效，第二天正式会议结束后，这些国际奥委会委员见到郑周永，都走上前来感谢他送给他们的美丽花篮。有一位委员说："我觉得您的东西比名贵的手表更能表达一种友好的心意。"

郑周永高兴地说："中国有句老话，叫'礼轻情义重'。这的确是我对诸位的一种心意。"

9月24日，赵重勋、金宇中、崔无硕等韩国企业界人士大部分都到齐了。京畿道知事金泰卿提前几天就到了。柳昌顺和李源景、李远洪等，以及世界跆拳道联盟会长金运勇和翻译车明姬也都来了。

直到这天，汉城市市长才姗姗而来。

不管怎样，郑周永都努力去做。每天早晨散步回来，7时开战略会议，安排每个人当天的任务，检查争取选票的情况并制定新的战略方案。他说："在申办战略中，最有效的策略就是要随时掌握奥委会委员们的动态，分析他们的一言一行，同时还要密切注意名古屋的动向，综合分析后作出争办的方案。"

　　过了几天，人们渐渐听从了郑周永的指示。每天开完晨会他们就四处活动，不管是宿舍、别墅还是食堂，凡是有国际奥委会委员的地方，都积极去沟通交流。

　　郑周永对美国、英国这些发达国家的国际奥委会委员的工作相对开展得较好。而同时为了尽可能地争取更多的得票，他着重安排对第三世界国家采取谦逊、诚恳的态度，并邀请南美及非洲贫穷国家的委员们携家属来韩国考察。发展中国家当然更希望能在韩国这样的发展中国家举办奥运会，所以对郑周永他们表现得十分友好。

　　郑周永还给韩国小姐、空中小姐穿上韩服，让她们亲切地接待每一位官员，还赠送一些带有韩国古文化特色的木偶、背架、扇子等纪念品。没过几天，原来门庭若市的名古屋馆就冷清起来，而韩国馆却热闹起来。

　　韩国企业界的人士在郑周永的精神感召下，也热心地为申办事业而慷慨解囊。他们放下生意，奔走相助，希望能够申办成功。当时韩国在巴登巴登的代表团有100多人，由现代分部的夫人来提供大家的饮食，本来互不相识的人们，就像一家人一样和睦相处，为了一个共同的目标努力工作。

　　在郑周永的强大攻势和不懈努力下，形势渐渐向有利于韩国的方向转变，大家的信心也更足了。

　　决定举办地投票的前一天，9月29日，西德的一家地方报纸刊登了一则消息:"夏季奥运会非名古屋莫属,而韩国代表自讨没趣,仍然在花冤枉钱。"

日本代表团看到这条消息之后,打开了预先准备庆祝的香槟酒,高高兴兴地提前祝贺成功!

但是郑周永心里却确认为:"通过这9天的努力,支持汉城的票至少有46票,有了这46票,申办权非汉城莫属。"

投票当天,大家在吃午饭时,都怀着不安和紧张。郑周永这时反而一改平时的严肃,他笑着对大家说:"不管言论怎样,我们有把握最少能得46票,谁敢跟我打赌?"

大家都默不作声。只有每天预测选票的全真相站起来对郑周永说:"我认为比46票还要多,能到50票以上。郑会长,你敢不敢跟我打赌?"

郑周永高兴了:"好,大家可以作证,谁输了就给对方20马克。"

郑周永却说:"要走也得看完结果才走,死也知道是怎么死的。"

15时45分,国际奥委会主席萨马兰奇宣布投票结果:

"Seoul——汉城!52票。"

听到这个消息,郑周永他们立刻欢呼起来:"万岁!"大家相互拥抱,庆祝这个让他们用无数个不眠之夜和团结奋战换来的巨大成功!

担任大韩体育协会会长

1982年7月,完成了申办奥运会的任务回国后不久的郑周永接到一封邀请信,内务部部长卢泰愚、体育部部长李源景和副部长李永镐约他到一家饭店见面。

郑周永不知有什么事,就应约去了。

宾主按位置坐好后,寒暄了几句,也不知是谁说了句莫名其妙的话:"郑会长,恭喜你!"

郑周永不解,反问道:"恭喜?有什么好恭喜的?"

李源景说:"总统已经决定任命您为大韩体育协会会长。我们请您吃饭,一是为了向您转达这个消息;二是要为您庆祝一下。"

郑周永推托道:"我恐怕不能胜任。我对体育一窍不通,我也对这个职位不感兴趣。体育会会长这个职位还是请一位体育专家来做吧!"

卢泰愚听了郑周永这番话,面带难色地说:"总统的命令,恐怕很难更改。"

郑周永仍然极力推托,他们一直争论到半夜23时,郑周永只好说:"那让我回去考虑考虑吧!"

第二天,郑周永刚一走进自己的办公室,李源景便上门来了,他对郑周永说:"全总统请你去一下青瓦台。"

郑周永和李源景一走进总统的办公室,全斗焕就开玩笑地说:"郑会长,你是嫌大韩体育协会长这个职务太小才不想做吗?"

郑周永连忙解释道:"总统,您可能还不太了解我的性格。我不是一个成天只想着职位的高低而活着的人。若是我能做的事情,我会责无旁贷地去做;如果另外有更合适的人选,我就不会接受这件事情。正因为如此,大韩建设协会的会员们总是劝说我去做会长,可我还是推掉了。这是因为我是办建筑公司的,如果做了建设协会的会长,就会落下以权谋私的话柄。我可是不爱听这些的,所以我没有任建设协会会长,而是在其下面担任了企划室室长的职务。"

全斗焕听了,赞赏地点了点头:"这很好啊!"

郑周永接着说:"我一生不在乎地位的高低和身份的贵贱。在米店打工时,我从来没有认为我作为一个店员比店主差。职务只不过是与各自能力相配的责任。还有,我做任何事情都不是看重名利,看重的是我是否有能力将事情做好。我只参与过申办奥运会的工作,对体育却是门外汉。比起我,那些对体育有足够的关心和兴趣,对我国的体育发展做过认真思考和研究的人大有人在,他们是最适合不过的人选。所以我做不了这件事。"

可是,郑周永的这番话却没能说服全斗焕,他说:"大韩体育会下面的各个体育组织,连国会议员都争着去做呢!郑会长,这个位置真的不低了。"

郑周永说:"我可没有能力领导国会议员,也没有这样的想法。

我还是不想做。"

全斗焕说："以后陆续把国会议员撤出来，把这个职位交给企业界的头头们，那你不就跟那个全经联会长一样吗？"

这时，在一旁的李源景提出了一个折中的办法："郑会长，我看可以这样，您做一段时间试试，等找到合适的人选再换人。"

郑周永见再也无法推辞，只好说："总统、部长，那我就先做一年，一年后一定不干了。"

做了大韩体育协会会长后，郑周永更加热心于韩国的体育事业。他认为，体育不仅仅是竞赛，而且还可以增强国民体质，振奋国民精神。

原来郑周永只想当一年的体育协会会长，可是由于美国1984年洛杉矶奥运会延长，他不得不一直担任了两年多。

这期间，郑周永与青瓦台在多件事情上产生了分歧，其中两件事情最为突出。

第一件是推选奥运会体育代表团团长。这是个非常光荣的职务，政府早就拟定了人选，并希望郑周永能够按他们的意见办。郑周永没有照着他们的意愿推选他们中意的人。政府里的一些人见此情况便再一次推荐，并要求郑周永重新决定人选，郑周永断然拒绝。正在这时，韩国的新闻界却把郑周永决定的人选公布出来，木已成舟，政府也不好再做更改，但对郑周永的这种做法相当不满。

郑周永理直气壮地说："决定奥运会体育代表团团长是大韩体育协会会长分内的工作。既然是挂我的名字做事，我就要充分利用我的权力，无需他人指点。"

第二件事情就是推荐国际奥委会委员。大韩体育会长有权推荐国际奥委会委员，而政府的意思是让朴钟圭担任。郑周永来到青瓦台对他们说:"将来我们要举办1988年汉城奥运会。所以我认为应当推荐与体育曾有过关系、并且具有外交经验的人来担任国际奥委会委员,可是这个朴钟圭我却没有什么印象。"

但是后来,政府自己任命了朴钟圭。考虑到与青瓦台没必要搞得太僵了,郑周永还是妥协了。

郑周永内疚地说:"这是我一生中唯一的一件没有按照自己意愿去做的事情。"

1984年9月30日,国际竞技团体会议在韩国召开。因为韩国柔道协会会长升任了国际柔道协会副会长,目前还没有人接替他,所以郑周永就出面招待前来参加会议的国际柔道人士。

当天晚上,郑周永设宴,与这些身强体壮的柔道人士一起喝酒,没想到竟然胃部痉挛。第二天上午郑周永还没起床,就听到了电话声。郑周永拿起电话,只听体育部副部长对他说:"从今天起你被解职,不再担任大韩体育协会会长了。"

郑周永当然明白这又是为什么,因为他的一些行为让政府非常不满。他清楚,儿子郑梦准在蔚山地区参加国会议员选举是使郑周永解职的最直接的原因。

当时,郑梦准准备以无党派的形式参加国会议员竞选,谁知青瓦台的人千方百计地施加压力,不许他参加竞选,他刚一出马就被他们叫去,让他放弃:"你就是参加也不能被选上,反而给竞选添乱,影响执政党的得票,还是就此罢手好。"

从小受美国教育的郑梦准当然不能接受,他对父亲说:"在民主的国家,而且又不是他们党的人,他们有什么权力让我退出竞选呢?"

他们看郑梦准不放弃,甚至还威胁说:"如果你坚持竞选,小心砸了你们现代。"

郑梦准与不畏威胁的父亲一样，绝不轻易放弃自己的立场。

郑周永担任了两年零两个月的大韩体育协会会长，解任后，与这一职务相应的奥运组织委员会委员长也不能担任了。但他继续担任1981年11月上任的奥运会组织委员会副委员长的头衔。

郑周永在任副委员长期间参加了第二十三届洛杉矶奥运会，并积极参与准备1986年在汉城举行的亚运会和1988年的奥运会。

郑周永还从现代中抽出有海外经历的干部，作为精干的事务员派到奥运会组织委员会去。并热情地邀请与汉城奥运会有关人士与海外有关人士，让他们到韩国来进行考察，盛情款待了他们。

后来，郑周永又向奥运会捐赠了有关情报处理的设施及展示的物品，还向1988年汉城奥运会无偿提供竞赛用的全部车辆。

1988年汉城奥运会成功举办之后，韩国政府说此次盛会创下了获利8000亿元的纪录，并向为奥运成功而作出贡献的人们授予勋章。这8000亿元的利润，其中有很大一部分是政府以向国民发行奖券的形式征集的。

郑周永在担任大韩体育协会会长一职时，曾反对过韩国政府的这种做法。郑周永认为，发行奖券会助长国民的侥幸心理，而且举办奥运会也不一定非要创下纪录，只要不出现赤字就可以了，更何况奥运会本身就不是一个赢利的活动。

在巴登巴登韩国企业界人士鼎力相助、慷慨解囊，可是只有郑周永一人得到了金塔勋章，而那些政府官员们没做什么事情却每人都得到一枚金塔勋章。

会见基辛格共论中国

1985年7月，韩国全国经济人联合会以"邀请的方式"提出了基辛格访韩的请求。

基辛格早年曾经多次访问过韩国，但这一次是代表美国并关心韩国如何把握与中国及朝鲜发展关系而来。而同时，韩国也想借此机会打探一下美国在这个问题上的立场。

当时，中国正在加快改革开放的步伐，中国的变化对朝鲜半岛有多大影响，这是基辛格访问韩国所真正关心的。

就在基辛格访问韩国前两个月，韩朝第八次红十字会谈在汉城举行。该会议取得了巨大成果，定于8月15日南北双方互换离散家属访问团及文化艺术团，还决定在平壤召开下一次北南红十字会谈。

不过，郑周永尤其关注基辛格的这次访问。中国市场的开放，包括郑周永在内的大多数韩国企业家都一直特别关心。但其中实际变化的内幕是什么，美国等强国将对此采取何种立场，韩国经济界将采取何种对策，存在何种危险等一系列问题，不得不让他仔细思索。

由于基辛格与中国高层领导之间已经进行了广泛的接触，所以某种程度上，他不仅成了世界了解中国改革开放的主角，甚至可以说是在一个时代曾主导世界外交舞台的人物。

两年前，郑周永因故被迫取消了访问中国的计划，现在，他又继续独立寻求访华的途径。

基辛格作为出色的外交家、政治家，一开始就表现了对韩国经济的关心。他与郑周永一见面，就开门见山地说："首先，我们想请郑会长详细介绍一下韩国经济的整体情况。尽管我们对韩国经济的关注由来已久，但我们还是想聆听一下郑会长的意见。"

郑周永也不客气，坦诚说道："如果用一句结论性的语言来概括韩国经济，那就是韩国的经济正在持续发展。正如博士您了解到的那样，目前我们的经济面临着诸多困难，其主要原因是世界上先进国家均采取了贸易保护政策。特别是以美国和欧洲为首的国家借口国内的失业、国际收支不平衡问题，设立贸易壁垒。这给以出口贸易为经济重心的韩国带来了沉重的打击，如果按这个趋势发展下去，很可能会使韩国经济增长率降低。"

基辛格问道："经济增长率降低后会保持在什么水平？"

郑周永严肃地回答："大约6%至7.5%。"

基辛格说："这已经是相当不错了。即使是美国，经济增长率也不过6%。"

郑周永听了笑道："哈哈！谢谢博士。但是，韩国与美国有着显著的差别。如果说把经济比作一个人的话，美国的经济是一个成年人，相反，目前韩国的经济则正如一个孩子。美国迈开一步，韩国就需数10步也未必能赶上，韩国增长率的1%与美国增长率的

1%不是显著不同吗？"

基辛格听了，不由赞赏地点了点头："听了郑会长的话，我突然想起了一个朋友曾对我讲过这么一段话：'您瞧，日本人是否是特别勤勉？但是也存在使大和民族相形见绌的民族，这个民族就是大韩民族。'可见，韩国人更加勤奋。"

郑周永谦虚地欠了欠身："您太夸奖我们了。身处困境，也只有勤奋了。目前日本已成为世界级的债权国，换句话来说，他们不工作也有吃有喝。尽管如此，日本人仍然是世界上最为勤奋的民族之一。想到这些，我们更应该付出比日本人多倍的热情和努力才对。但需要说明的是，我们一点也没有做第二个日本的想法。"

基辛格听了很感兴趣："您是说不喜欢做第二个日本，为什么？说来听听。"

郑周永说："从经济问题上，特别是从它与世界经济关系的角度来看，日本所设置的贸易壁垒甚至比西欧国家都高，看样子日本并不是乐于与世界共存而是独自生活下去。与此相反，我们韩国则是一个开放的国度，今后随着经济的发展，韩国也必定会更加开放。"

郑周永的话说得很含蓄，但里面却包含着更深一层的意义，他在婉转地告诉美国：针对美国商品，日本所设置的关税远远高于韩国，因此美国不应该向韩国施加压力要求开放市场。

基辛格当然很明白郑周永话里的意思："是吗？但是在我们美国人看来，韩国日本一样麻烦。"

郑周永进一步解释说："这是由于韩国和日本的经济情况相差悬殊而造成的，韩国的海外债权、经济规模、内需市场等都无法与日本相比。目前，韩国的 GDP 还不及日本的 1/5，与 25 年前的日本差不多。25年前，日本市场进行了多大程度的开放？从这一点上来看，我们韩国市场的开放程度已远远超过我们应该开放的程度。不仅如此，我们正在为进一步开放韩国的大部分市场做出积极的努力。现在，我们正在承担着美军所留给我们的安全保障任务，同时我们的政府也正在逐步确立自由民主体制，所以美国最好能在安保方面及经济上给予帮助。"

基辛格把身体向椅背上靠了靠："我明白您的意思了，但美国很快就会对日本采取措施。据我所知，美国政府内部正在针对美日贸易摩擦制定相应的法规、措施。"

基辛格这句话里也隐含着一层意思："美日之间存在着贸易摩擦，美国便对日本进行制裁；当美韩之间存在贸易摩擦时，美国自然也会制裁韩国。"

郑周永早就明白了其中的含义，但他接着说道："说起市场开放，我知道他们都在很大程度上忌讳谈及'对韩国投资'这个话题，我不太清楚是否是受了上次DowChemical出口韩国市场遭到惨重失败的影响。其实，当时DowChemical失败的原因仅仅在于它没能对市场作出正确的评估，而且当时由于市场的不景气才导致了销售萎缩。从表面看来，好像是因为韩国国内存在问题才导致了那种结果，其实不然。目前，就连经历了一次失败的DowChemical也正谋求机会向韩国市场挺进。"

这时，基辛格把话题转移到了中国身上："郑会长您想过没有？在世界市场上，既是韩国的主要竞争对手，同时又提供一个新契机的是哪一个国家？"

郑周永马上领会了基辛格所指："主要是新加坡和中国等。我想这些国家是韩国强有力的竞争对手。其中我们对新加坡尚存在一丝疑虑。此外，马来西亚拥有丰富的资源，因而肯定会成为我们的强有力的竞争对手。同时，中国轻工业的兴起也必然会引发其全面进军国际市场。由此看来，我们的处境将会变得非常吃紧，所以我们希望中国尽快开放市场并向国际市场挺进。说真的，我们对中国寄予了很大的希望。"

基辛格故意问道："不是韩中之间已经存在交流了吗？"

郑周永说："是啊，尽管有交流，但不充分。韩国与中国都是由来已久的传统贸易国家，地理上相互毗邻，资源上存在互补。特别是从仁川乘船到中国只用不到9个小时的时间，这是我们很大的优势。"

基辛格这时说出了他的见解："依我的观点来看，中韩的经济合作的重点不在物质上的贸易，而是在于技术的转移。这种合作无疑将大大促进中国的现代化建设，中国一旦能认识到这一点，韩中的贸易发展将会迈入一个繁盛期，而中国当前最需要的也正是这些。

"虽然日本也会很快进军中国市场，但日本曾向韩国输出过技术，而后来韩国却成了日本在亚洲最为强有力的对手，所以说日本在向中国市场靠拢时必然会谨慎从事。基于以上这种原因，在向中国市场挺进方面，韩国将会比日本更加成功。"

郑周永点头赞同："嗯，这话不错，日本确实一直对外奉行封闭的经济政策。"

基辛格沉吟了一下，然后说："其实这也无可厚非。目前在日本经济中唱主角的都是第二次世界大战时期的人物，他们以战争的模式运营经济，只会用进攻和防守的理念来对经济设置贸易壁垒。"

郑周永问道："我们会在坚持原则的前提下进军中国市场，可是我仍然不是很明白应该怎样接近中国。博士您是如何看待中国市场明天的？"

基辛格若有所思，谨慎地答道："在今天的中国，虽然邓小平推进社会主义现代化的建设令人拍手叫好，但对其持反对意见的人也不少。所以说，中国的明天依然不是很明朗。"

郑周永追问道："既然不是很明朗，您说会不会再度回到封闭的状态？"

基辛格摇了摇头："最近，邓小平频频在正式场合的公开发言是对您所提问题的最好解答。他说：'中国正在为实现现代化建设的宏伟目标进行伟大的实践，如果取得了成就我们就坚持下去，如果出了问题，我们就重新进行思考。'在此之前，邓小平还从未说过类似的话，近期他反复表示这个意思，可以看出中国国内的不同意见还是很明显的，邓小平不得不使用这种以柔克刚的对策。当然，邓小平采取这种对策还有其他的原因。"

郑周永紧盯着基辛格："既然如此，依博士您的观点，对立的双方将在什么地方进行较量？"

基辛格说："今后3年这段时间对中国来说是至关重要的，如果中国能坚持3年连续推行现代化建设的政策，中国将不可能再次回到原来的封闭体制。换句话说，继续推进改革开放政策，即使会出现这样那样的问题，但都将很难恢复到中国过去那种'铁饭碗'的时代。因此在我看来，中国回到原来体制的'回归点'已经过去了。"

郑周永与基辛格的谈话随着中国话题的结束而结束了。

基辛格通过这次访问提供了一个使他从整体上认识韩国经济的机会，也使他确立了对韩国经济独到的看法。

而郑周永通过与基辛格的会晤，在说出了自己的想法的同时，也提供了一个使他获得有关中国市场有用信息及见解的机会。

而当时郑周永的情况是，1975年开始实行的综合贸易商社制度更为韩国财阀兼并其他小企业提供了机会。综合贸易商社制度的实施目的实际上是想利用大企业拥有的贸易公司加大出口力度，扩大出口数量。根据这项制度，对于年出口额达到规定水平的贸易商社，政府将给予进出口贷款方面的高度优惠。而政府规定的水平只有大企业才能做到，这就使那些中小企业和中小贸易公司的生存成了问题。大财阀们乘机吞并了大批中小企业和贸易公司。统计显示，就在1974到1978年的4年间，现代集团的子公司由9个增加到了31个，三星集团则由24个增加到了33个，大宇集团由10个增加到了35个，LG集团由17个增加到了43个。

再看同期财阀们的资产增长，速度更是惊人。1971年到1983年间，5大财阀的资产年增长率均为两位数，其中现代集团为32.1%，三星集团为19.1%，大宇集团更高达46.3%。无论是"现代"、"三星"，还是"大宇"、"LG"，无一不是在1970年搭建了财阀帝国的模型。1970年的扩张是建立在牺牲众多中小企业基础之上的，但这种扩张的效果却令韩国政府相当满意。1970年，韩国的出口规模不过8亿美元，到1979年已达到150亿美元，而1987年更超过了470亿美元的水平。

与此同时，韩国10大财阀的销售额占国民生产总值的比率在1980年已达到48.1%，1987年则上升为68.8%。到80年代，郑周永麾下共有80多家子企业，现代集团达到鼎盛时期，成为韩国数一数二的大财团。韩国部分企业集团规模的超大被形容为"从土豆片到芯片全都生产"。据一项调查，1997年韩国制造企业的平均利润率仅为0.3%，而同期美国制造企业的平均利润率是8.3%，日本是3.4%。另一份材料显示：到1997年年底，韩国28家最大的财团总负债为1775.7亿美元，企业平均负债率高达449%。而现代集团1999年债务曾达660亿美元，占韩国国内生产总值的20%。

从80年代后期起，韩国政府的经济政策发生重大变化，新上台的全斗焕政府从1980年开始实施"自由化"与"民营化"的经济政策，政府不再像以前那样为了培育财团经济，专给财团吃偏心饭，盖庇护房。失去了政府输血的现代集团维持着外形上的庞大身躯，而其内在体质出现了虚弱的征兆。

现代集团是典型的家族企业，郑周永的至尊地位和由他个人专断的经营体制，在按照市场原理运营的商业经济海洋中逐渐显露其弊端。郑周永办企业习惯于在政府支持下，利用国有银行提供的贷款和融资，引进国外先进技术。这样的企业十有八九获得成功。可是，80年代郑周永投巨资设立现代电子公司的时候，政府不再成为靠山，国有银行也不再是后盾。

在国内外激烈的市场竞争中，后起的现代电子公司在技术、产销等方面被抛在后面，经历了关停的阵痛。此外，现代集团在80年代末和90年代初对石油化学、证券、信贷领域的投资，也经历了挫折和困难。也是在这个时候，现代集团的两大台柱子企业现代汽车和现代重工业公司长期闹工潮，成为韩国劳资双方角力的中心。

工潮使现代集团遭受了严重的经济损失，削弱了企业的竞争力，阻碍了企业的长期发展。

将集团会长让给四弟

1987年2月,郑周永突然作出决定,宣布将现代集团会长的位置交给他的四弟郑世永。

几天之后,郑周永又将全经联会长的职位交给了乐喜金星会长具滋暻。

在退职之前,郑周永还对现代集团进行了改组。

自1968年将现代体制改为集团制以后,郑周永在现代集团的体制上共有两次重大调整。

第一次调整是在1972年6月。郑周永在国内国外工程日益增多的情况下,为了提高工作效率,把总部的工作按国内和国外分为两部分,各设一名社长,又配备了5名副社长,他自己任会长,现代集团形成了"会长—社长"制。

第二次调整是,1987年2月郑周永又将现代集团的体制改为"名誉会长—会长—社长"制。这一体制为现代集团日后继续发展奠定了基础。

郑周永退居二线的消息是他自己突然公布的。社会上对他的隐退有很多评论，甚至还有人对郑周永的从商经历做了总结，说他的一生可以分4个阶段：

第一阶段是郑周永青少年时期，他在故乡通川农村度过的朝饭夕粥的清贫生活；第二阶段是从他16岁离家出走在仁川码头做工至1947年创办现代土建社，这一阶段是现代集团的萌芽期，孕育着郑周永的希望；第三阶段是从1947年至1966年，这期间他完成了高灵桥、汉江大桥和春川大坝等工程，雄居国内建筑业之首；第四阶段是从1966年至1987年，郑周永从泰国入手，经过中东激烈的角逐使现代集团成为世界级的建筑企业。

对郑周永本人的评价自然也是褒贬不一。称赞他的人说他是依靠个人的顽强奋斗才取得了今天的成果，为韩国经济的发展作出了重大贡献。持反对意见的人认为，郑周永是同历届政府勾结，以聚敛财富为目的，他的现代集团是典型的买办企业。

对于社会上的议论郑周永泰然处之，他认为功过自有后人评说。

对郑周永退居二线后将集团会长的位子交给了弟弟，是人们关注的又一个话题。韩国财团多半都是家族企业，受封建儒家思想的影响，韩国人认为血缘关系是维持企业、产生凝聚力的重要因素。

让人们感到意外的是，郑周永将位置传给弟弟而不是传给儿子。一般情况下，韩国老一代财阀在退任之后都是把企业交给了自己的儿子。

有人曾就这个问题问过郑周永，郑周永十分坦率地说："近年来，我越来越感到应该选择受过新式教育、对国际市场更为敏感的人来担当会长一职，于是便注意物色现代集团会长的人选，最后选中了郑世永。有人对此感到意外，问为什么传弟而不传子。我认为应该以能力、资格等条件选择人才,选最合适的经营者,这才有利于企业今后的发展。世永有学历,有丰富的海外工作经验,对现代汽车的发展作了重要的贡献。现代汽车是现代集团的骨干企业,今后它在技术、资金方面都要成为国内最大的企业。世永在年龄、才干、集团位置、能力等方面都是最合适的人选,因此由他来担任会长一职是最适合的。他年富力强,干15年是没问题的。15年之后由谁来接班,那已经不是我能够预料的事情了。"

郑周永退居二线之后,闲暇的时间似乎多了。他经常来到瑞山。此时郑周永已在瑞山建立了一个水稻种植农场。

总投资6470亿韩元创建的瑞山农场,平均每人管理面积为35万坪。这面积相当于韩国普通农民家庭80户种的农田面积。这里有农用飞机4架、拖拉机94台、联合收割机60台、播种机33台、作业用机械270台、粮食精加工设备2套,耕作方法从播种、铲地到收割完全机械化。

郑周永经常出现在绿油油的稻田里,他很喜欢这种田园式的生活。

面对即将到来的21世纪,郑周永意识到,各个领域都必然产生竞争,农业的竞争也不应忽视。韩国历来被称为农业国家,要想在粮食市场站住脚,就应该研究以最少的人力达到最高产量的办法。

1993年,郑周永在瑞山农场设立了峨山农业研究所,所里有包括硕士在内的研究员7名,他们用新的农业经营方法。

研究所日夜不停地研究种子直播的适应性,开发盐性品种,另外还进行农业气象环境研究和经营农业工程的系统化、栽培技术及适应性品种的研究,杂草及病虫害的基础性研究,土壤环境调查、水质环境调查、包装调查、谷物贮藏设施调查、农药残留检验等方面的研究。

郑周永一开始就定下了调子:"我们的研究所,对那些想学习农业经营方法的人,大门永远是敞开的,努力向他们无偿地传授知识。而且,还要把研究所建设成尖端农业科学基地和以农业研究所为核心的示范基地。将来,要把这里变成比美国的加利福尼亚产量还高的粮食生产基地。"

促进共同开发金刚山

1989年1月23日,郑周永应邀去朝鲜进行访问。

在临行之间,郑周永心里有说不出的滋味。一方面,韩国与朝鲜有着5000多年的血缘关系,而且自己也是出生于北方。另一方面,南北战争之后,分隔已达40年之久,心中确实感到不安和恐慌。

当时与郑周永同行的,还有现代建筑的副会长朴载冕、专务金润圭和秘书室部长李炳奎。

临行前,郑周永嘱咐其他人:"到朝鲜谈话或开会时,不要轻易大笑,一定要衣着端正,态度真诚,最好不要提出不必要的问题来为难他们。因为如果他们的生活比我们富或和我们一样,当然不会让他们敏感,但他们毕竟比我们穷。因此在他们看来,我们自由地微笑也会使他们误解为嘲笑他们贫穷,让他们感到窘迫,而且会刺伤他们的心灵。"

几个人听了,都面色严肃地点头同意。

他们一行4人经过东京到达北京时,有几个朝鲜人前来迎接他们。

在宴会上,古典式的果盘里放满了饼干,朝鲜主人一再热情地邀请郑周永:"这是我们民族的食品,请品尝!"

他们等了两三个小时,17时30分,在朝鲜祖国和平统一委员会副委员长的陪同下,搭上了飞往平壤的飞机。

19时,飞机飞临平壤上空。郑周永俯视平壤,看到了灯火通明中的金日成铜像。

飞机缓缓地降落在平壤机场,和平统一委员会副委员长全琴哲上前迎接郑周永。现场还有许多媒体记者拥了上来。

郑周永走下飞机,与前来欢迎的各机关代表一一握手,并连声说:"非常感谢!"

这时,又有40多个人围了上来,他们声称是郑周永的亲戚,这让郑周永非常惊讶,但他一时也顾不得询问他们的底细。当朝鲜方面表示要第一个安排他与亲人会面时,郑周永说:"我来到这里,主要是为了工作,能否告诉我们的日程安排?至于亲戚会面嘛,白天工作结束以后,安排在晚上21时以后吧!"

郑周永此行的目的主要是为了谈谈开发金刚山的事宜。

朝鲜方面安排郑周永等人乘坐黑色的奔驰车,马上离开了机场,来到了他们下榻的兴夫招待所。

郑周永用过晚餐之后,赶往高丽大厦,会见在那里等候他的亲戚们。

第二天一大早,郑周永等人聚集在零下10度的大同江畔跑步。每个人的脸都被严寒冻成了紫色,嘴都冻得说不清楚话了。

郑周永与亲人们一起吃过早饭之后,参观了金日成故居,又来到100米宽的光复大街上逛了一下,还参观了全凭人力建设的大楼建筑工地。后来走到体育馆，看到那里的篮球队员们正在刻苦地训练。

14时左右，先与许琰委员长进行了简单的会面，之后，又在大会议室里进行正式会谈。

当时朝鲜方面的与会人员有：财务部高级干部、大星银行理事长崔洙吉，朝鲜机械总会会长崔钟永，国会接待团团长、书记局长、和平统一委员会副委员长全琴哲，中央红十字会副委员长吴文判、部长金秀万。

郑周永也把自己方面的人员向对方做了介绍。

许琰在会见时说："民族是历史的悲剧。44年之后，对方的贵客访问朝鲜，是爱国爱民族的表现。所以我在这里恳请你们，不但要访问故乡和亲人，还要为南北关系的推进做出努力……"

郑周永认真地听完许琰的话，然后回答说："许琰先生，感谢您的一番好意。您在困难的情况下热情地邀请我们，我们表示由衷的感谢。统一是我们共同的愿望，不能实现这个愿望使我们感到焦急和不安。人和人之间进行感情交流，这也是奔向统一的途径。"

许琰一边听着，一边赞赏地点头。

郑周永接着说："关于金刚山开发，我思考了许多。金刚山是举世闻名的圣山。开发金刚山是我们民族的盛举，这对于热爱和平、热爱美好社会的全世界人民都是重大的贡献。只要我们开发金刚山的目的是纯洁的，从事开发事业的人是真诚的，那么就可以转变有些人的错误观念。我们非常重视许先生的意见，希望通过共同开发金刚山，让许多国际性会议都到金刚山来召开，让世界关注我们，我们也要把和平奉献给世界。"

许琰思索了一下，坦率地说："是啊，当前，苏联与中国克服合资经营的重重困难,在国际社会中正常地进行贸易往来。所以,我们也在考虑以输出为目标的招商引资的合作事宜。"

郑周永当即说:"既然双方都有意向,那我希望在回国之前,能够看到共同开发的初步成果。"

许琰说:"为了共同开发金刚山,我们要拿出一个周密的方案,积极参与这次会谈。"

当天18时,许琰设宴欢迎郑周永一行。

1月25日9时,南北方在人民文化宫会议室进行了共同开发金刚山的务实会议。

朝鲜方面首先介绍了金刚山的具体情况。

郑周永认真地听着,忽然听到一处,他忍不住插了一句:"您介绍的那个不在那里,而是在旁边。那里原来有一座日本统治时期建造的小庙,后来被大火烧毁之后,还剩下了一块托柱子的大石头,不知道那个石头是不是还在那里?"

那人听了郑周永的话非常惊讶:"郑会长对金刚山竟然了解得如此详细,那我就不用再介绍了。"

郑周永解释说:"我从小就常常到金刚山去玩,对那里可以说是了如指掌。"于是就省略了对金刚山的介绍,接着商议其他事宜。

经过几天的磋商之后,他们不分昼夜地赶制出了金刚山开发的具体事项和投资计划。

郑周永向朝鲜方面表明:"开发金刚山,可以完全利用外资。"

朝鲜方面对资本主义缺乏了解,听了似乎不敢相信:"真的,开发自己的项目,只花别人的钱就行?"

郑周永想了一下措辞,谨慎地向他们解释:"你们也有很多事情要办,要投资。如果把资金全部投到金刚山开发上,万一外国旅游者一个也不来怎么办呢？要想吸引外国人，就要集中外围资金。依我的经验来看，如果要以对美国出口为目的建造工厂，即使自己有足够的资金，但也要利用外资来建。这样才能使他们关心工厂，并进行广告宣传。再利用外资来建宾馆，外宾才会到这里来观光旅游。"

他们理解了，点头表示认同。

郑周永接着说："不要建娱乐场，比如卡西诺赌场。"

一连10天，郑周永都在上午开会，下午观光。每天上午，朝鲜方面把昨天上报给上级部门的问题带回来与他会谈，然后郑周永把问题解释清楚，再共同协商。会谈进行得非常顺利。

郑周永详细说明了开发的具体细节：高尔夫球场、滑雪场、飞机场应该建在什么地方；高档宾馆、商店应该建在什么地方，要建成什么规模的……

然后郑周永逐条分析相应的措施："设计可以交给发达国家去完成，工程施工可以让韩方有实力的企业来参与。通过这几天游览光复街，我看出北方的建筑能力也很优秀，所以人力就由北方提供；当然，我们现代也会大力支持并参与其中……将来观光的游客中，我相信会有1/3来自韩国……"

朝鲜方面听了，对郑周永的分析深表钦佩。

郑周永还抽空到万寿台艺术剧场观看了《春香传》，当他步入会场时，场内10000多名观众自发地起立鼓掌表示欢迎，直至他走到贵宾包座上坐下。

28日，郑周永他们一起去游览金刚山。郑周永让其他人在山上住一天，然后他一个人回到故乡探望。

郑周永站在村口张望，原来的房屋已经全被改造了，他感慨道："这真叫'物是人非事事休'啊！如果不是那5棵柿子树，我真的就找不到出生之地了！"

亲人们都聚在一间大房子里，郑周永感受到了40年的民族悲剧给他心灵的巨大冲击。他原来的老房由婶子住着，她热情地拉着郑周永到炕上去坐。郑周永哽咽着说："婶，您今天烧了多少柴啊，这炕头热得我都受不住。"嘴上说着，两个人都眼中噙满了泪花。

第二天，郑周永到仙山祭拜了祖宗的坟茔，又到医院看望了正在生病的侄子。这时，另外几个人从金刚山赶来与他会合了。

郑周永看到大冷的天，亲人们还只穿着尼龙的衣服，心里发酸，就顾不得伤不伤自尊心了，把旅行包翻个遍，把所有的衣服都拿出来送给了他们。另外几个人看了，也都纷纷掏出了自己的衣服。

在离开故乡时，郑周永把自己的衬衫交给婶子，并对她说："婶娘，把它洗干净后，就挂在墙上吧，等下一次我来了再穿。"

随后，郑周永心情沉重地离开了故乡。

访问苏联促进两国建交

1989年1月6日,韩国金浦机场里围满了电视台和报社的记者。他们在此等待即将去苏联访问的郑周永。

有人问郑周永:"您是否对政治感兴趣?"

郑周永回答得非常坦白:"政治难道不是人人都关心的话题吗?我如果能做议员的话,我就做个无党派议员,当然一定要在汉城。"

又有人问:"可是您已经宣布退休了?"

郑周永说:"退休并不是隐退。从1987年2月报纸上曾说我要隐退。我认为,70岁只能算作一个人的前半生,70岁以后是后半生。我在前半生是为了我自己的生活而奋斗,在后半生我要为企业、社会、国家和民族做些事情,使生活更有意义。我不会隐退,只要一息尚存,我会继续干我的工作。"

当时,韩国和苏联还没有建交,郑周永是应苏联商工会议所所长的邀请前去访问的,他们将就合作开发西伯利亚以及未来两国企业界如何开展经济交流等问题进行讨论。

6日晚,郑周永下榻在日本的帝国饭店,7日13时转乘苏联民航的飞机前往莫斯科。与郑周永同行的是现代建筑会长李明博和现代重工业副社长安忠承。

当地时间6时30分，飞机在莫斯科机场降落。苏联负责接待的工作人员和现代集团的先遣队正在机场等候郑周永等人。他们一起来到了莫斯科最好的饭店。在那里郑周永看到有很多日本人，感到非常吃惊。

当晚，郑周永一行就踏上了去彼得格勒的火车。望着车窗外灰蒙蒙的大地，郑周永自信地想，一定要在西伯利亚大干一场，让荒原变沃野。同时郑周永还想到他的余生要做的还不止这一件事情。

火车在郑周永的沉思中悄悄地进入了彼得格勒车站。

在彼得格勒，郑周永参观了沙皇宫殿。沙皇的夏宫已作为博物馆，冬宫成为美术馆。在参观这些辉煌的建筑时，郑周永感触很深。这种感想在他参观法国凡尔赛宫时就有过。他认为正是统治者奢侈腐化的生活才招致人民革命。

23时，郑周永一行3人又踏上了回莫斯科的火车。经过8个小时的旅行他们回到了莫斯科。

第二天上午10时，郑周永参加了苏联商工会议所召开的会议，主要讨论开发西伯利亚的可行性以及有关开发低压电力等问题，还涉及修建电力、炼铁、制铝等各种工厂和开发石油、煤炭等许多具体问题。

11日，郑周永同苏联远东问题研究所所长共进早餐，对朝鲜半岛南北关系等问题进行了交谈，上午举行了记者招待会，下午同对方签订了成立"韩苏经济合作委员会"的意向书，并达成协议对将要合作的若干问题进行调查研究。

12日，郑周永又同苏联中央银行、水产部、能源部、建设部、运输部等进行业务会谈，并结束了对苏联的访问。

4月3日，苏联商工会在汉城设立办事处，郑周永被称为"民间外交家"。

1990年6月，郑周永应苏联总统经济特别助理彼得拉科夫的邀请，再一次访问莫斯科。他在克里姆林宫同彼得拉科夫进行了长达3个小时的谈话。彼得拉科夫主要介绍了当时苏联的经济形势，并表示，他非常想知道韩国经济人对苏联经济的看法。

郑周永坦率地说："苏联经济专家们对引进市场经济持乐观态度，从理论上讲是可行的，但是如果真正实现市场经济，却还需要经历许多磨炼，要克服许多困难。"

彼得拉科夫问："那依您的看法，苏联要实现市场经济需要多少年？"

郑周永本打算说15年，但为了不让彼得拉科夫失望，他说："可能要10年时间吧！"

彼得拉科夫最后说："戈尔巴乔夫总统表示，在您下次访问时要亲自接见您。"

10月，郑周永再次访问莫斯科时，果然见到了戈尔巴乔夫。与郑周永同行的是李明博、翻译、KBS记者及摄影师。

戈尔巴乔夫的办公室里放着能坐10人的会议桌，戈尔巴乔夫和苏联经济决策人、党内第三号人物米德彼迪夫在座。戈尔巴乔夫兴致很好，为了在初次见面时缩短双方的距离，他首先提议照张相。

戈尔巴乔夫首先介绍了他的政治观点，以及当时苏联的政治内情。

郑周永的观点比较现实，他说："世界经济学者对苏联经济的前景非常悲观，这不是能在理论上用数字所能表达出来的。人的信念和斗志能将不可能的事情变为可能。越是贫困的国家在经济发展过程中更能创造出奇迹。奇迹是宗教的词汇，至今在经济上的奇迹还从未有过。没有精神就不会创出奇迹。苏联目前虽然还有很多困难，但这些困难也是促进发展的好条件。苏联拥有很大的潜力，只要领导者卓越地运用和活化那些有利因素，就会使经济进步，会使社会迅猛发展。"

他们的谈话在非常友好的气氛中进行，两个人都认真地听取对方的意见。

郑周永主要谈的是关于西伯利亚的开发问题。郑周永说："在世界建筑市场上，韩国的建筑业取得了成功。韩国建筑企业有着优良的素质，比如在中东市场，当战争打起来的时候，只有韩国的企业仍坚持在施工现场。所以在开发西伯利亚的过程中，韩国的企业一定会取得成功。"

戈尔巴乔夫认真地聆听着。

郑周永接着说："为了促进朝鲜的繁荣和自由，希望苏方能够发挥积极的作用。"

戈尔巴乔夫当场表示："苏联与韩国共同做一块大面包，与朝鲜共同分享，这一天是必定会到来的。"

最后，戈尔巴乔夫还指示米德彼德夫："以我的名义向卢泰愚总统发出邀请，并派代表参加在汉城召开的韩苏经济协调委员会会议。"

戈尔巴乔夫与郑周永会面一个月之后，韩国总统卢泰愚访问莫斯科，韩、苏两国正式建交。

1991年3月8日，郑周永取道日本，再次踏上了飞往符拉迪沃斯托克的飞机。

这天郑周永和往常一样 4 时起床，上午 10 时准时来到金浦机场。12 时到达日本机场，15 时 30 分换乘苏联的飞机向西北方向飞去，18 时 30 分到达哈巴罗夫斯克，在那里停留两个小时左右，办理通关等手续，然后坐上了一架 20 人的小型喷气式飞机。大约经过两个小时的飞行，他们来到了符拉迪沃斯托克。

北方的大地覆盖着皑皑白雪，冷风袭来让人觉得全身非常爽快。第二天早晨 5 时，郑周永他们就起床，要领略一下北国风光。

当天是周六，但当地政府官员却将这两天的日程排得满满的，从早晨到晚上安排讨论沿海地区的经济开发问题以及符拉迪沃斯托克市的发展问题。

上午，郑周永与远东地区最大的水产公司签订了合作建立水产品加工厂的协议。以前该地的水产品加工都是由日本控制的。双方同意各出资 50%。这样，韩国企业拉开了在此地加工水产品的序幕。

下午，该地州委员长召集经济各部门负责人与郑周永见面，双方就有关的问题展开了广泛的讨论。会议开得十分热烈，一直开到晚上。

第二天虽是星期日，但按计划郑周永又同符拉迪沃斯托克市市长及其官员见面，并达成了尽快在此地建立商务中心的协议。

次日凌晨，他们飞往莫斯科。在莫斯科，郑周永见到了专程来访的乌兹别克副总理，他们主要商谈了开发石油和生产石油产品等问题，郑周永答应 4 月一定去乌兹别克共和国，具体商讨石油开发等问题。

然后，郑周永与俄罗斯联邦总理秘书室主任共进午餐，对双方关心的事情交换了意见。

3月12日上午，郑周永拜访了俄联邦政府第一副总理，副总理对郑周永在沿海地区合作建立水力发电所、制铝厂和炼铁厂等表示欢迎。为了振兴当前的石油生产，他向郑周永提出了5亿美元贷款的要求。双方还对萨哈林地区合作生产原油和天然气等问题交换了意见。

此次会见，为韩国企业参与苏联石油天然气生产创造了机会。

郑周永又去渔业部，拜访了一位副部长。郑周永提出希望苏联政府能够对韩苏间合作加工水产品给予保证和支持，他们得到了非常满意的回答。

3月14日，郑周永离开莫斯科。

投身政治建立新党

　　1991年6月，韩国进行了地方选举，1992年3月又举行了第十四届国会议员选举。接着，韩国政界又开始积极地为1992年年底举行的总统选举做准备。

　　当时竞选总统宝座的最有希望的候选人是民主自由党的金泳三、和平民主党的金大中、统一国民党的郑周永和新政党的朴灿钟。

　　20世纪80年代末至90年代初，韩国政局出现较大的变动。当时执政的民主正义党与金泳三的统一民主党以及新民主共和党合并，成立了一个新的执政党，即民主自由党。

　　金大中原本和金泳三同属统一民主党。他们在竞选总统的争斗中，矛盾越来越激化。金大中退出统一民主党，成立了和平民主党。

　　这样一来，第十三届国会议员选举的结果对执政党十分不利，造成民正党在国会中第一次没有得到有效多数，金大中的和平民主党却成为最大的反对党。

执政党在国会议席中若是没有得到有效多数，反对党可以对执政党施加更大的压力，而执政党想要把自己的政策变成法律，不得不与反对党妥协或者组成联盟。

然而在金泳三的统一民主党内部，一些议员反对金泳三与执政党合并，在李基泽的领导下他们从统一民主党分离出来，成立了民主党。

1991年9月，金大中为了壮大自己的力量，将和平民主党与李基泽的民主党合并，成立了新民党。

郑周永曾在1月3日时的现代集团每年一次的年会上宣布：他已于1991年12月31日完全从现代集团的事务中脱离出来，要进行新的事业。第二天，郑周永称"所谓新的事业就是指新的政治生涯"，将他创建新党的事情公之于世。

他说："创建新党的想法是在80年代国保委时产生的。去年年底，卢泰愚政权再一次搞集权使国家面临困境。就是这些原因才坚定了我从政的决心。"

早在1990年9月1日，郑周永将现代集团的宣传室改为文化室。郑周永任命李丙圭任文化室长，并指示他成立一个与现代集团宣传工作无关的"特殊工作组"，专门调查钟路地区的言论，分析这一地区掌权者的动向，与执政党、在野党以及在野人士进行广泛接触。

1991年1月，郑周永安排李丙圭的特殊小组针对钟路地区居住的老人进行了"敬老产业考察团"活动。郑周永以钟路地区社会教育协议会会长的身份，邀请这一地区大约8000名老人对蔚山等地的产业进行调查。

7月，郑周永组织"天池同友会"访问中国，他以"韩中民间使节团"的名义，组建了由前总理李汉彬、前国会副议长高兴门、前三军司令李建荣和 KBS 社长徐英勋等政界、财界、学术界、军界和文化界等 67 人组成的代表团。

1992 年 1 月 4 日这一天是星期六，17 时 30 分左右，在汉城钟路区平洞的瑞进大厦，一些人正在紧张而又谨慎地搬家。一般情况下，在周六下午这个时间，工作了一周的人们都已回家去了。这伙人的行动让人们感到奇怪。

他们默默地将刚刚运到大厦门前的办公用品搬进电梯，用了一个小时的时间将东西安放在大厦内，又把大厦门前打扫得干干净净才离去。

至此，郑周永的新党建党的筹备工作已经结束，郑周永的新党有了自己的办公室。郑周永在瑞进大厦租了第八、第九、第十层楼，将第十层作为会议室，将在那里召开新党发起人大会，第八、第九两层作为办公室。

到 1 月 6 日，决定参加新党的人员已经发展到了 50 名，他们来自政界、财界、学术界、法律界和舆论界。这些人与郑周永的关系非常密切。郑梦准只有辞去他目前担任的民自党的职务才有可能参加郑周永的新党，因此在首批发起人名单上没有他的名字。

郑周永考虑到，要建立一个旗帜鲜明的政党不能缺少郑梦准，便修改了当初的计划。1 月 7 日郑梦准脱离了民自党。

郑周永为了新党的人选，亲自与几位大学校长，经实联、现代集团属下的劳资联盟成员，政界人士，民主党内部非主流的政治发展研究会、汉城大学的边横尹、李寿成教授等各阶层人士进行对话。只有边横尹、李寿成两位教授明确表示不参与的意思，其他人士都表示再等等看看，没有立即拒绝。

参加新党的人们认为，"发起人大会不过是要宣布新党的创意与形式，至于新党今后的地位、纲领、政策、理念以及新党的名称，要等到以后才能具体定下来"。

郑周永迟迟不公开参加新党的人员名单，这引起了人们的互相猜测。大家认为，将有不少大人物在发起人大会上出现。甚至还有人说："如果打开盖子，里面会有许多让你吃惊的大人物。"

其实郑周永不公开新党成员名单是考虑到，过早地将这份名单泄露出去会给一些人带来不必要的压力。因此，发展成员的工作一直都在秘密地进行着。

当时已经决定参加新党的人员有：前平民党副总裁杨淳植、无党派人氏金光一、郑梦准、KBS社长徐英勋、外务部长崔光洙、外务部副部长尹河珽、平民党副总裁柳济然、现代建筑会长李明博、现代建筑社长李来炘以及议员金达洙、吴制道、金道旭等。这些人都是郑周永亲自发展的第一批成员。

后来在郑周永的说服下，曾经在1991年访问过中国的"天池同友会"的成员、现代足球队教练车范根、现代海上火灾保险乒乓球队教练金文一也参加了新党。

后来，赵一衡国会副议长等几位人士在1月底参加了新党。

当郑周永创建新党的消息传出后，社会上对此事议论很多，说郑周永的新党不过是"财阀政党"，是"金权政治"的又一个代表。大多数人在听了这样的议论后都对郑周永的新党持否认态度。

可是当他们与郑周永接触过几次后，对郑周永成立新党的看法就有了根本性的转变。

杨淳植是在前一年的12月份与郑周永有过3次接触，就某些问题进行讨论后，才决定加入新党的。杨淳植有一个特点，他在与人谈话时要选择人少的地方，像饭店这样人多的地方他是不会去的。所以他与郑周永见面是在汉城汝矣岛新韩银行的403房间，直至郑周永正式宣布成立新党，杨淳植的行动才公开。

当时追随杨淳植的是湖南的年轻人和釜山、江原两地的民主党地方委员长们。所以有人预言：杨淳植加入新党，新党会给执政党和在野党以沉重的打击。

金光一也是在与郑周永两次长谈后，决定加入新党的。当他与郑周永交谈时，曾问过郑周永许多难以回答的问题。郑周永对任何问题反应极快，而且在回答时充满自信。金光一心悦诚服地说："像他这样一个人，很容易让人对他产生信任感。"

金光一在与郑周永进行一番论证后，对新党的态度从消极转为积极。金光一曾在金泳三、金大中和李基泽手下从政，后又与金东吉、朴灿钟议员一起试图实现全新的政治，可是他的政治抱负一直没能得到实现。此时他感到遇到了知音。

郑周永的新党一出台便受到政府和舆论的集中攻击，说他是"三党合并、大权野合"。对郑周永攻击得最猛烈的就是执政党。执政党从前一年8月就开始留意郑周永的行踪，但做梦也没想到郑周永会这么快地成立新党。所以以安企部为首的情报机关也把手伸向了郑周永的新党。

针对社会上对新党的议论，金光一说："新党排除过去参加过改宪和维新、积极参加全斗焕政权的人,接受对现政府持批评态度和具有进取心的改革派。新党虽以保守主义为基础,但同时也具有先进意识……那些称新党是依托北部或是针对中部地区的说法,是无稽之谈。新党与朴灿钟议员的政治改革协议会和金东吉教授的太平洋时代委员会有根本的区别,没有可能与他们携手合作。"

郑周永计划在1月中旬组成创党委员会,1月末召开创党大会,然后全面展开参加第十四届国会议员竞选的活动。郑周永本人决定不参与这次国会议员竞选,至于以后他是否会参加总统选举,将看情况再作决定。

郑周永决定新党的运营方式为集团领导制,由4名或者5名党员组成领导机构,新党的名称暂定为统一国民党。新党发起人宣言初稿写出后,由郑周永与杨淳植、金光一进行修改。

现在创党的一切准备工作已经基本就绪,新党发起人大会的时间也定在1月10日上午10时。郑周永新党的轮廓虽已经显露出来,可是参加新党的人员、党的组织工作由谁负责等事情,到目前为止仍是个谜。就连在建党过程中起了重要作用的杨淳植和金光一也只是知道自己分内的事情。

1992年1月8日下午,郑周永在汉城中路区青云洞自己的家中举行了记者招待会,发表了一个让政界恐慌、使国民震惊的宣言:

> 从第三共和国开始,每年的中秋和年末都要向统治者交纳政治资金。第六共和国时开始时是20亿元,后来是30亿元,20世纪90年代末最后一次是100亿元。年末和

中秋，以帮助生活困难的人为名，还要向统治者交纳政治资金。

郑周永的这番讲话立刻把所有人的视线吸引到自己的身上。人们认为，郑周永在新党创党的过程中，有可能还会向社会投放这样的"重磅炸弹"。

那么他的第二颗、第三颗炸弹会是什么呢？虽然大家不知道郑周永还会说出什么事情，但有一点可以肯定，只要郑周永说出来就一定会在社会上掀起巨澜。无论是政界还是财界，谁也没有把握让郑周永闭嘴。

郑周永在会上的讲话，把他的观点更加充分具体地表示出来：

我们不愿看到目前在政治、经济、社会所有领域中出现更多的错误……我们要加快步伐，去迎接21世纪的挑战。为了实现和平统一，我们要做好充分的准备。我们要把国民团结起来，我们不希望看到国民丧失凝聚力，对未来失去信念。

只有将国民的意志凝聚起来，这样国家才能够重新产生力量和智慧，国民才会实现他们对未来的憧憬和希望。为此，我们要顺应这个时代的要求。为了寻找新的政治，我们要行动起来。我们向天下人宣誓：

我们要坚持公平合理的原则。只有公平合理地改变国家的面貌，才能清除权威式的官僚主义，才能使我们的经济和文化产生质的飞跃。

我们一定要坚持民主主义的原则。我们应该反省，在我们的这块土地上是否存在真正的民主主义，我们要把政治民主主义、经济民主主义、文化民主主义和教育民主主义的根牢牢地扎在我们这片土地上。

我们要彻底地维护公开主义，抛弃那些没有得到国民认可和拥护的政策，实现透明的政治。我们只有立刻实行金融真名制，才能彻底地铲除腐败的温床；只有砍断政经融合的关系，才能清除腐败，摒弃金权政治，发展国民经济；只有承认土地所有权，合理地完善土地公开管理法律，才能够从制度上防止不动产投机，消除不劳而获的现象；只有改革税制，才能真正实现合理分配社会财富。只有这样，才能体现真正的经济……

我们要实现民族的统一夙愿。统一大业只在政治上或者依靠某个人是不可能实现的。

我们必须具备高度发达的经济实力，否则就不可能实现真正的统一。统一是要在南北经济交流的基础上，双方建立信任才能够实现。

大凡政治，就是要按照国民的意志，制定出能够把国民的力量凝聚在一起的远大的理想和目标。我们在期待得到国民的支持的同时，宣布成立新党，并将其名称暂定为统一国民党。

2月8日，郑周永的统一国民党成立大会盛况空前。在大会正式开始之前，赵英南、玄哲、周玄美、夏春花、崔丙瑞等韩国著名演员以及高丽亚那歌舞团的歌手纷纷登台，为统一国民党成立大会献歌助兴。

演员们精彩的表演使会场沸腾起来，人们兴高采烈，欢呼声不绝于耳。

韩国政治史上政党的变迁数不胜数，可是任何一个新党的成立也比不上郑周永的建党大会来得热烈，来得火爆。演唱会整整进行了40分钟，当会场气氛进入高潮时，郑周永才登台宣布统一国民党正式成立。

参加韩国总统竞选

1992年1月10日，郑周永的新党举行了国民党发起人大会，之后只用了一个月就召开了建党大会；去掉除夕的几天节日，国民党只用了不到一个月的时间就在全国成立了48个地方党组织，3月10日地方党组织的数目就已达到189个。

当时，还有人表示怀疑，郑周永能否在2月8日之前完成所有准备工作。郑周永以这种惊人的建党速度向世人再次显示了"现代式"的工作作风。

但是，国民党这种高效率的工作作风却存在着许多不足之处。内部有人指出，一些干部不具备起码的政治常识，事事都要向上级请示，工作起来非常不方便。

在国民党的工作方法中，最让政客们吃惊的还是郑周永召开会议的时间。由郑周永主持的党内最高会议，一般都不会超过30分钟。会议一般是从上午8时开始，8时30分等在门外的记者就可以得到消息。

一位具有多年从政经验的党内资深人士说："我还是第一次参

加这样短的会议。"

通常，政党举行会议的时间都在两个小时左右。政治家们都具有非常好的口才，况且他们平素就喜欢高谈阔论，而且还愿意从对方的发言中找出破绽，好进行一番辩论。因此会议结束的时间往往被推迟很久，使许多在门外等候的记者叫苦连天。

在国民党的会议中是绝对不会出现这种情况的。有人曾开玩笑说，其他在野党的一天是从会议开始，由会议结束，像国民党这么短的会，真是具有划时代的意义。

3月6日，政府发表了一项选举公告，禁止为选举做广告式的宣传。而在此之前，国民党早已出台了8项政策广告：保护中小企业、银行自律化、降低利率、降低一半房价、改善教育风气、支援文化艺术、搞活农村经济以及提高妇女地位。这些政策广告在全国所有报纸上已刊登出来。

国民尤其对"降低一半房价"这一条感兴趣。一天之内打到国民党总部的咨询电话大约要在100个，严重干扰了正常工作。国民们打来的电话，大部分都是问："这是真的还是假的？"

还有一位中小企业的负责人说："如果国民党真的降低一半房价，那么我就带领300名职工加入国民党。"

国民党为了在国民中树立形象，一个月内用在广告上的费用就达35亿至40亿元。

这8项政策广告虽没有使国民党获得政策政党的效果，却也起到了一定的宣传效果，引起了政界的注意，他们把这些广告当作郑周永的思想看待。

如果把国民党比喻成一支军队，那么郑周永就是这支队伍的"最高司令官"，10万强兵就是现代集团。总司令的战略就是"依靠现代，建立和发展国民党"。

郑周永在1月3日的政治宣言里说："将与企业经营完全脱离关系。"1月12日在接受记者采访时又说"将所有权力全部交给了郑世永会长"，自己与现代完全脱离关系。

但是，在1月27日他参加了现代集团的社长团会议，对在座者说："我为了国家而从事政治活动，请诸位尽量给予帮助。"

3月3日，郑周永对采访的外国记者说："正在劝说现代的员工参加国民党。"

此时现代员工加入国民党的入党率已达90%，以蔚山地区为主的现代企业的工人入党率为60%。在较短时间内，国民党的人数迅速达至15万人。

当时出现了"现代危机说"。从年初开始，在政府的授意下，银行就拒绝向现代集团贷款，阻止"现代"发行公司债券、在中介市场不按时返还收据等。

特别是还出现了对现代要进行"第二次税务检查"的说法。正是在这种"如果国民党失败了，现代也就站不住"的情况下，才会有这么多的现代职工加入国民党。

现代内部一位干部说："事实上，刚开始被劝说加入国民党时，心里并不是完全同意。我认为企业人不必要与政治为伍。可是，政府对现代采取强制手段，已经到了不得不帮助国民党的时候了。正是从那时开始，我才转变了对加入国民党这件事情的看法。"

国民党内一位人士说："是政府帮助了国民党。现代的职员去官方机构或者去银行都受到冷遇，当他们从那里走出来后，就自动地加入了国民党。"

这种气氛越演越烈，国民党和现代集团已经成为名副其实的统一体了。

从2月中旬开始,现代下属企业的管理人员每人手中都有10份至30份入党申请书;在蔚山也出现了许多员工不休息,利用周末回到自己的家乡参加国民党的事情。

所以郑周永曾表白道:"虽不能说国民党把手伸进现代的经营管理,但却不能否认给现代集团带来经营上的影响。"

郑周永与政府的关系真正破裂是在1990年3月,政府起用金钟仁为总统经济首席。

金钟仁一开始工作就着手处理财阀膨胀问题。5月8日发表不动产对策,首批对象的10家财阀中就有现代,这使现代与政府的矛盾表面化。

1991年,"第六共和国"全面展开了"卡住郑周永脖子"的举动。

11月1日汉城地方国税厅对现代集团进行税务检查,向现代追加了几亿元的税款。郑周永不服,说:"没钱交税。"

后因舆论界指出郑周永此举违反国家税法,11月20日才如数交纳了税款。

此时,郑周永就已经在酝酿成立新党的事情了。

国民党方面正式表示在国会议员选举中需要的资金为400亿至500亿元。但是在议员选举中,平均每个候选人的选举资金就为10亿元,所以,国民党在国会议员选举中投入的资金究竟有多少谁也说不清。

1992年3月24日,第十四届国会议员选举如期举行,执政的民自党仅一票之差未获得有效多数;而成立未满两个月的统一国民党却在国会中获得了31个席位,这一成绩让政界人士非常吃惊。

拥有42个企业，年营业额达37兆韩元，已是韩国财团之首的郑周永已经77岁高龄，他想通过议员选举在国内打好基础，等5月份民自党的全党大会以后，团结是对国民党有利的力量。

12月18日，韩国举行了第七共和国总统选举。民自党代表金泳三获胜，成为韩国第十四任总统。郑周永在这次竞选中失败。

1993年2月，郑周永辞退国会议员职务，脱离统一国民党。

1993年7月20日，郑周永访问中国，回国时在金浦机场与记者会面。这是他竞选失败后首次与记者会面。

郑周永走进机场贵宾室，同记者们打着招呼："诸位记者，你们好！"

看起来与竞选总统时没什么两样，精神还是那么饱满，身体仍很健康。

接着，郑周永与大家侃侃而谈："最近一段我非常谨慎，没有在公共场合出现。但是将来我会积极进行海外投资，特别是要积极地进入中国这个大市场，大幅度提高现代的投资规模，力争使现代的出口规模提高两倍……"

陪在郑周永身边的现代建筑社长李来炘在一旁劝阻道："稍休息一会儿吧！"

郑周永听也不听，继续滔滔不绝："我在访问中国期间遇到了一位叫冯武臣的名医。他给我诊脉，说我仍是40岁人的体力。我现在体重为77.5千克，我将继续保持这个体重。我从11岁以后就再也没生过病。我的目标是要活100岁，在我余下的30年要为世界作出贡献。"

培养接班人严格要求

1993年2月，郑周永从政坛隐退之后，再次把精力用回到现代集团，继续做他的名誉会长。

几年来，郑周永专心经营他的瑞山农场，他有时候会来到现代大厦第十二层的名誉会长办公室，在那里坐一坐，看看企划室室长朴世勇或其他会长那里交来的重要报告，了解他布置工作的进展情况。有时他还会去瑞山农场转转，或者去现代下属的饭店与从前的老朋友见见面。如果天气好的话，他还会打打高尔夫球。

1994年5月3日，郑周永去日本考察。在金浦机场，郑周永与记者见面，他说："韩国盛产大米，但日本人更喜欢瑞山产的大米，此次去日本洽谈向日本出口瑞山大米的事情。"

此时，郑周永将自己的精力全部放在了瑞山农场。他说："在瑞山，每天早晨早早起来，先看集团的报告，剩下的时间就做一些农事。集团的工作全部交给世永，我只负责瑞山农场的事情。瑞山的大米向日本出口，今年计划是10万袋，以后会增加到20万袋、30万袋……"

1994年郑周永做过盲肠手术之后行动有些不便，站起来只能走几步。

1995年，他已是80岁高龄的老人了，多半情况下，他需靠轮椅代步，有些人见了他之后都说："老多了，像一个八旬的老人了。"

实际上，郑周永的身体要比前两年好多了。韩国的一位著名的巫师见过郑周永后说："看到老会长这双炯炯有神的眼睛，就知道他身体很好。"

郑周永共有八子一女。长子梦弼、次子梦九、三子梦根、四子梦禹、五子梦宪、六子梦准、七子梦允、八子梦一。

郑周永喜欢孩子，但他的爱不是在物质上，他一直严格要求子女。郑周永对子女从不娇惯，他认为创业难，守业更难。在残酷的竞争面前人人平等，有个好的家庭并不意味就能成功。他对孩子们的希望越大，对他们的要求也就越严格。

孩子们还在读书时，郑周永就要求孩子们自己去上学。尽管他自己就是韩国最大的汽车制造厂的老板，但他绝对不允许孩子们用公司的车，更不给他们买车。他希望孩子们能像普通孩子一样，通过自己的努力取得成绩。

郑周永认为家风好坏与孩子们的成长有关，同样也会影响企业的发展。他曾说过："你要是想了解一个企业，就去这个企业老板的家，看看他的家庭生活。如果他的家庭生活是严谨的，他的企业必然也是健康、有序的，而且充满活力；如果他的家庭生活有问题，子女教育不当，那么他的企业必然会前景黯淡。"

在8个儿子中，郑周永最喜欢的是长子梦弼，对他的要求也就最严格。他认为长子长孙是家族的继承者，应该是弟弟妹妹们的榜样。

孩子们当然不能理解父亲的苦心，相反有时还会有些抱怨和委屈。梦弼毕业了，做了现代建筑的理事，郑周永对他的要求反而更严了。梦弼受不了时，就故意怠工。他有心里话从不对父亲讲，总是找姑姑说。

这种状况直至1977年梦弼担任现代综合商社社长，梦弼开始独自负责一个企业的全面工作时，才真正理解了父亲当初的用意。在优胜劣汰的残酷竞争中，一个企业家若是没有应付一切的能力，就不可能在风云多变的商场中站稳脚跟。郑梦弼开始全力投入工作了。

郑周永看在眼里，喜在心上。梦弼接手现代综合商社一年后出口创汇就达3亿美元；3年后梦弼领导的现代综合商社出口创汇居韩国各家商社之首，达到10亿美元，营业额突破一兆韩元。

1981年，郑梦弼接管现代集团的仁川制铁公司。这时他更加成熟，他的工作作风酷似父亲，在韩国商界已小有名气。

2月，仁川制铁公司新建了H型钢厂。郑梦弼每天天不亮就起床，6时准时到工地，常常是半夜才回家。

这时郑周永与梦弼的关系已经相当融洽。每天早晨，郑周永和郑梦弼总是要在一起打半个小时的网球，父子俩在一起冲洗时就会讨论对工作的看法。郑周永看到爱子如此辛苦地工作，有时也会劝他，多注意身体，不要过分劳累。

1982年是郑周永最忙的一年。年初，他为外国驻韩国使节举行了一个盛大的招待会。会后，带领考察团赴日本、美国和欧洲考察。4月郑周永再度飞往美国，准备参加将在那里举行的国际经营者大会，还要同美国的波音公司签订一份为其加工生产飞机零部件的合同。

但是，就在 4 月 29 日这一天，一场车祸无情地夺走了郑梦弼年轻的生命。

那天，郑周永在洛杉矶希尔顿饭店的房间里，准备参加国际经营者大会时的发言稿。这时他的秘书李炳奎含着泪轻轻地走进来交给郑周永一份电报。郑周永奇怪地接过电报一看，泪水也止不住地流了下来。电报上写着："梦弼今晨不幸遇难。"

郑周永站起来，用颤抖的声音说："赶快给汉城打电话……"

李炳奎说："已经向服务台要过了。"

这时电话铃响了起来，郑周永一把抓起电话，握电话的手抖个不停。

电话是郑世永打来的。此时在电话的另一端，郑世永已经泣不成声了。郑周永什么话也没说，只是默默地听着郑世永断断续续地讲述事故发生的过程。

郑梦弼到金浦机场送走父亲后，想到已经有好些日子没有去看姑姑了。这时姑姑和姑父金永柱住在蔚山。郑梦弼决定抽些时间去看看姑姑。

郑梦弼与姑姑的感情很好，梦弼几乎就是姑姑带大的。他在姑姑家一直待到半夜 24 时才起身告辞。姑父和姑姑让他明天再走，郑梦弼想到工地上还有很多事情需要他回去处理，执意要走。看到侄子这么努力地工作，姑姑也不再挽留。

郑梦弼的汽车在京釜高速公路上疾驰。郑梦弼本打算在车上小睡一会儿，第二天上午赶到工地。

此时已是后半夜，高速公路上车辆很少，司机把车子开得飞快。天快亮时，突然从对面开过来一辆大货车，车上装满钢材。郑梦弼的司机还没反应过来，大货车就迎面撞了过来。郑梦弼和司机当场就被撞死。

郑周永听罢事情的经过，呆呆地站在那里，一句话也说不出来。郑世永在电话里喊了半天他才回过神来。郑世永说："大哥，您还是赶快回来吧！"

郑周永想了想，决定还是不能回去。他说："你们要把后事处理好，要把梦弼葬在离现代职工休养地不远的那块地方。那里环境好些，梦弼在那里也能安睡了。"同时，他还嘱咐郑世永要厚葬同时殉职的司机。

放下电话后，郑周永告诉李炳奎："此事要保密，以免影响正常工作。"

李炳奎走后，郑周永把自己一人关在屋里。这种白发人送黑发人的惨痛比撕心裂肺还让人无法忍受。一般人无论如何也承受不住这样的打击。郑周永真想立即就飞回汉城。可是，此行的目的还没有达到，他不能就这样回去。他知道，他要是两手空空地回去，是无法告慰梦弼的在天之灵的。郑周永整整独坐了一天。

第二天，美国波音公司听说了郑周永长子遇难的事情，打电话来询问："是否改变签约的日期？"

李炳奎告诉对方："不，会长说了，日期不变。"

波音公司表示要派副董事长来看望郑周永，也被李炳奎婉言谢绝了。

郑周永在美国的安排一点也没有改变，直至所有的工作都做完，他才于5月15日回到汉城。一下飞机，郑周永就在郑梦准的陪同下来到梦弼的墓前，默默地站了许久。

事后，金永柱坦诚地对郑周永说，内举不避亲，要给自己的儿子们更多的锻炼机会。在第二天的现代集团社长团例会上，郑周永说出了打算重点培养郑梦准的想法，并任命他为现代重工业社长。

当时郑梦准30岁。他毕业于汉城大学商学院，后又在美国的哥伦比亚大学学习管理。1980年回国，他在现代的综合企划室里工作。

郑梦准的快速提升自然使一些元老感到不满。韩国社会论资排辈现象比较严重，资格老的人自然不愿意被年轻人领导。但是，在自由竞争的商场中是没有长幼卑尊之分的，人们只尊重有本事的人。

郑梦准当然也明白这一点。他十分能干，也非常明白自己在集团里的地位。他一方面以谦逊的态度对待年长者，同时还要向他们显示一下自己的才干。

郑梦准上任后做的第一件事就是到各位长辈的办公室拜访，请他们在今后的工作中多多指教。在以后的日子里，他不敢有丝毫的懈怠。每当他要作出决定时，从来不把年长的干部叫到自己的办公室，而是亲自到他们的办公室去征求意见。有时间，他还经常到下面的工厂转转，了解生产作业中存在的具体问题，并及时给以解决。

按规定，现代集团为每位社长都备有高级轿车，可是郑梦准从来不用。他不管到哪里，都是开着他的那辆福尼轿车。

没过多久，郑梦准就得到了现代重工全体人员的信任与尊敬。

有一次，郑梦准的姑姑夸奖他近来工作做得很好，并说："梦准，你只要这样努力地做下去，将来一定能够成为一名出色的接班人。"

郑梦准第一次在姑姑面前说出了自己心里的想法："现在人人

都认为父亲有意栽培我，其实这是误解。我有4个哥哥，他们都很能干，更何况现代这么大，靠我一个人如何能够承担得起来呢？父亲只不过让我增加点阅历，多经受一点锻炼而已。"

郑梦准曾梦想要当一名大学教授。从美国回来的时候，他还写过一本名为《企业经营理念》的书，并且还在蔚山工业大学讲过课。郑梦准很有头脑，对社会上的一些事情了解得非常清楚。

1983年春，在一次现代集团的社长例会上，郑梦准提出要召开一个企业家与作家交流的座谈会。他说："文人们往往用否定的眼光看待企业家，认为企业家都是些追金逐利之辈。所以我想请他们来了解企业家的真实情况，请他们给以理解和支持。文人们在社会上的作用很大，他们能把你写成鬼，也可以把你写成神。"

郑周永非常赞赏郑梦准的这个提议，并决定由自己亲自来办这件事情。

一星期后，70多名文坛名人在文艺振兴院院长宋之英的带领下浩浩荡荡地来到了现代造船厂的迎宾馆。当天晚上，在郑周永的主持下举行了欢迎酒会。

第二天上午，在正式的座谈会上，郑周永以坦诚的态度向各位文人介绍了现代的发展史，讲了他几十年办企业的辛酸苦辣。他说："办企业犹如上战场，真是九死一生。信誉就是企业的财富，竞争就是企业的生命……几年前，我为了能够在国际金融市场上借到2000万美元而四处奔波，可是现在我非常自豪地说：无需再用政府的担保，我就能借到10亿美元。这绝不是空话，这是现代的信誉。"

座谈会开得非常成功。郑周永通过这件事情更加清楚地了解了郑梦准的志向所在。

1985年，郑梦准第一次参加国会议员的竞选。当时正是全斗焕政府整顿财界的时候，财界丑闻四起，对郑梦准竞选国会议员十分不利。政府也不愿意财界的人步入政界，他们四处散布说："财界人物搞政治，就像是政界人物要发财一样。"

在这样的形势下，郑梦准的竞选当然是以失败而告终。1988年2月他再度出山竞选国会议员，这次他终于如愿以偿。

郑周永组建国民党，竞选总统，郑梦准便成为父亲的好帮手。郑梦准在担任第十三届国会议员的同时，还担任韩国足球协会会长。他虽是现代重工的顾问，但他更乐于社会活动。

次子郑梦九毕业于汉阳大学工业管理系，后又在美国的一所大学读了两年经营管理，1969年毕业后在现代建筑当一般职员。1974年任现代汽车修配社长，显示了他的管理才能。

1977年，他在父亲的一声令下开始创办现代精工。1978年又任"韩国都市开发"社长。1987年郑周永宣布退居二线时，对集团内部人事进行了调整，郑梦九同时兼任了现代精工、现代汽车修配、仁川制铁、产业开发、现代钢管等5家企业的社长，成为现代集团中兼职最多的人。也有人把郑梦九主管的企业合称M.K集团，M.K是梦九两字的英文缩写，称他称为"M.K会长"。

三子郑梦根现在是"金刚开发"会长，管理现代的百货店。郑梦根毕业于汉阳大学土木系。他平时少言寡语。也许是因为他在上高中时摔伤过头部，身体一直不太好，在郑家是最不引人注意的人物。

而郑梦根的妻子禹景淑却是郑周永的儿媳中第一个成为"现代百货"常务的人，负责设计装饰图案。虽然她与企业的经营一点关系也没有，但是还是落下了"媳妇参与经营"的话题。

郑周永的七子梦允经营着"现代海上火灾保险",他自己的梦想就是要在金融领域一展身手。金融、制铁和宇宙航空将是现代集团未来的三大主导产业。梦允的"现代海上火灾保险"在以重工业为主的现代集团内部最具有现代气息,将是大有作为的企业。

而梦允本人在汉阳大学虽然学的是贸易,可他却有着"什么时候也去演一部电影"的念头。

八子梦一毕业于延世大学管理系;后又去美国,在华盛顿大学毕业后于1982年进入现代建筑;后又在现代重工、综合商社做过几年,1990年5月成为现代综合金融的常务。

郑周永为他最心爱的女儿郑庆姬挑选的丈夫是与李明博等人同期进入现代建筑的"现代人"。他已从现代集团独立出来,目前是鲜进海运的会长。

1990年,郑周永的四子梦禹不幸去世后,郑周永便将现代制铝划给了四儿媳。

曾一度被认为是最有可能接任现代集团会长职务的"现代电子"会长郑梦宪在延世大学学的是国文,毕业后又在该校攻读管理,到美国留学后仍专攻经营管理。他与郑梦九一样,是现代集团的权力人物。郑周永称他"为人稳重,办事细致"。

郑周永从来不夸奖自己的孩子,梦宪是他最引以为荣的儿子。梦宪还在美国读书时,郑周永就任命他为"亚洲商船"的社长,后升为会长。1984年他插手电子行业,创下了"电子与半导体的奇迹",使现代电子成为韩国电子工业的后起之秀。

现代集团正式换帅

1996年1月3日上午，在汉城桂洞现代集团大厦的地下二层大会议室里正在举行一年一度的社务会。今年的社务会，将宣布现代集团第二代领导人正式接班。700多名现代高级干部都在静候着这一时刻的到来。

特别引人注目的是，从前主席台上坐在现代集团名誉会长郑周永身边的一般是郑世永，而今天则是郑周永的次子郑梦九和五子郑梦宪。

短短20分钟的会议宣布：

> 郑梦九为现代集团新一任会长，副会长则由郑梦宪担任，郑世永为现代汽车的名誉会长。

这天，郑周永并没有出现在现代集团社务会的主席台上，他只是在他的名誉会长办公室，与现代集团的社长团成员见面。今天新老会长的就任和离任的仪式意味着一个新时期的开始，在座的每位现代集团的成员最关心的就是自己将在现代里处于什么位置。

人们从今天的主席台人员的座位安排上也不难看出现代内部人员的变化。在郑世永、郑梦九和郑梦宪的身后，按顺序坐着30名现代集团的会长团和社长团成员。

社会舆论关注的焦点却是郑周永如何将他庞大的家产分给他的儿子们。郑周永现在仍是现代集团最大的股东。从20世纪80年代起他就将现代集团属下的企业平均分配给儿子和弟弟，但这并不意味着正式继承集团的股份，只是在现代集团内部将公司交给各个儿子经营。

1996年1月3日，现年57岁的郑梦九正式从叔叔手中接过了现代集团的"接力棒"。

郑梦九的就职仪式结束后，来到记者们等候的房间。这是自他1980年以来第一次在新闻记者面前露面。

去年5月，郑梦九参加他的侄子的婚礼时遇到记者。当时记者想要采访他，他说："父亲和叔叔仍然健在，我怎么能……"他用这样的话委婉地拒绝了记者们的采访。

这次接受记者采访时也是非常简短，仍然避免记者们对他做专访。郑梦九谦虚地表示："我会与弟弟团结合作，共同搞好集团工作。梦宪将会对我的工作起到补充的作用。"

郑梦九给人的第一印象不是太潇洒。实际上，他是一位俭朴、守礼而且人情味十足的人。他精明能干，具有企业最高领导人应具备的素质，在现代内部有很高的声望。

现代人评价他说："虽然看起来他一点也不洒脱，但却是一个人情味十足的人。他有许多地方都非常像他的父亲郑周永，但在工作作风上，老会长做起事来雷厉风行，而新会长却是讲道理而且注重人情。

"到国外出差时如果你在飞机场打开他的行李,就会看到他的内衣全都是旧的。他平常出去吃饭,最高级的地方就是中路的'韩一馆',吃的最好的东西就是冷面和烤肉,而且还边吃边对周围的人说'快吃,多好吃啊!'正是因为他从小就受到严格的家教,才会具有俭朴的好品质。"

郑梦九为人最讲信义,他讨厌那些在别人背后打小报告的人。郑梦九更注重集团的力量,他说:"企业要发展不能单靠某个人,只有依靠集体,个人才能创造出成绩。"

对郑梦九的工作能力,"现代人"是这样说的:"他对作出成绩的人委以重任,而对那些在工作中出现失误的人,毫不留情,在这一点上他非常像老会长。他已经从他的父亲那里学到了掌管企业的方法,他也具备这样的能力。"

郑梦九在现代集团里掌管着现代精工、现代汽车修配、仁川制铁、现代产业开发、现代航空、现代宇宙航空等公司。他的这些公司与他弟弟管理的公司不同,都是靠他自己的力量一手创办起来的。比如说现代精工,就是因为郑周永在20世纪70年代说过的"要在蔚山建集装箱工厂"这句话,郑梦九就在蔚山建起了现代精工。

郑梦九是一个孝子。他尊重父亲,仰慕父亲,郑周永在他心中的地位是任何人也取代不了的。他对父亲的爱表现在对父亲的绝对服从和绝对的忠诚上。凡是与郑周永同时出席的活动,在活动结束后,他都要亲自送父亲上车,目送父亲的车开远了,朝着走远的车深深地行一个九十度的大礼,然后才上自己的车。

郑梦九说过:"我的父亲从无到有一手创建了现代集团。我对父亲在经营企业方面具有的能力佩服得五体投地。我虽然不可能完全具有他那样的能力，但我会尽最大的力量去学，去努力。"

在这次现代人事大变动时，梦九名下的产业没变，而梦宪却又多了一个头衔，即现代集团的看家产业现代建筑的会长。

郑梦九从叔叔手中接过了现代集团的最高领导权之后，人们最关心的还是现代汽车的命运。

郑梦九就职的当天，现代汽车名誉会长郑世永和他的独生子、现代汽车会长郑梦奎说："要将现代汽车建成世界超一流的汽车公司。"

郑梦奎是郑氏家族中的后起之秀。在1月3日的人事变动中，他连升两级，由现代汽车副社长，一跃成为现代汽车的会长。

郑梦奎性格文静内向，又长个娃娃脸。他作为世界主要汽车制造公司的负责人似乎显得年轻一些，许多人甚至怀疑他能否胜任。

但是只要与郑梦奎交谈，人们立刻就会得出相反的结论。他话锋犀利，思维敏捷，可以一针见血地指出国内汽车制造业存在的问题，特别是现代汽车生产存在的问题。郑梦奎凡事都是先想后做，说话时也要先斟酌一番，因此现代的人称他为"年轻的老头"。

郑梦奎就任现代汽车会长时，提出了"现代车要向世界著名的丰田、日产和本田车挑战"的发展方向，制定了现代汽车向世界十大汽车公司进军的"世界化战略"。

郑梦奎在就职之前，已经根据市场动向果敢地投资生产年轻人喜欢的跑车；为了抵制进口汽车，还制定了生产高级豪华车的计划，提出了要"占领国内50%的市场"的目标。郑梦奎提出的向国内市场进军的宣言以及制订的新车销售计划，对韩国其他汽车生产厂家是一个非常大的冲击。

1月19日，郑梦九在他最喜欢的"韩一馆"设宴招待记者。这是记者们盼了很久的机会。郑梦九向在座的每位记者敬酒，本来说只有20分钟的时间，没想到郑梦九竟然喝醉了，说出了一些平常不对外人讲的心里话：

> 人生最美好的就是恋爱娶妻。我现在明白了，为什么有"儿子娶妻老子伤心"这句话了。再过两年我就60岁了。通过出口和经济活动为国家办事。

郑梦九一上任就做了两件大事。首先，宣布现代集团未来将向宇宙航空、制铁和金融等行业进军。为了实现企业的透明经营，引进社外理事制。三星集团和大宇集团在制定改变企业形象的策略时，也曾考虑过这项措施，便最终还是将其放弃。郑梦九却出人意料地选用了这项措施。

一个月后，金刚企划和信息技术率先实行了社外理事制。同时，郑梦九还与美国的MD公司合作，向宇宙航空产业进军，并在卫星、汽车、电子等领域制订了大规模的投资计划。

其次，郑梦九改变了现代集团以综合企划室为主体，制定企业经营战略的方式。一般综合企划室是财团的"心脏"，控制着企业发展的方向。以往都是由综合企划室室长将下面各个子公司的问题集中起来，进行分析，做出综合性报告。郑梦九将这种方式改为由社长团的成员共同参与，通过讨论得出结论，再由企划室进行整理，做出最终报告。

这两项措施在财界影响很大,在此后不久,郑梦九又制定了支援中小企业的措施。郑梦九的这些举措让财界感到震惊。

郑梦九在采取行动之前,广泛地听取来自各方的意见,一旦他决定下来的事情,就会义无反顾地去执行他的决定。众人评价郑梦九是"攻击型"的企业家。而郑梦九却不同意这种说法,他说:"做工作都应该是这个样子的。经营企业,不是进行战争。我所采取的这些措施是在现代范围内进行自律经营。"

夙梦难圆溘然离世

1998年6月16日,郑周永带着500头黄牛和30多辆现代汽车,再次访问朝鲜。

郑周永记得1989年自己第一次访问朝鲜时,还不得不经由中国转道入境,这成了他心中多年来的一大憾事。

而这次,郑周永是从板门店进入朝鲜的。在朝鲜半岛南北分裂50年之后,他是越过军事分界线的第一个民间企业家。他的这一壮举,把民族和解、国家继往开来的夙愿从天国拉回到了地上,具有重大的历史意义。

站在戒备森严的军事分界线上,郑周永心中激动不已、感慨万千,他对随行人员说:"1932年,我才17岁,那时,我偷拿了父亲卖牛的70元钱,为了开拓新的生活离家出走。斗转星移,岁月匆匆,一眨眼65个年头竟然过去了。现在我已是83岁的高龄,竟然是赶着500头牛,披红挂绿地回到了故乡。"

6月19日,他再次回到家乡江原道通川郡松田面,为祖父扫墓,并栽下了几棵纪念树。婶子拿出了他当年第一次访问时留在家乡的那件衬衫："周永，我给你洗干净了，一直放着哪！"

郑周永接过衬衫，嘘唏不已。

当年访朝，与朝鲜方面交换了金刚山开发意向书。这次，郑周永将这意向书具体化为可操作的现实。另外，还促成了多项南北合作项目。

不仅韩国方面为郑周永的行动极力推崇，国际社会也为其壮举而赞叹。法国著名的社会学家吉·索尔曼通过卫星转播看到郑周永赶着500头黄牛访问朝鲜的盛况，赞不绝口，评价说"这是当今最高的前卫艺术"。

10月27日，郑周永又赶着501头黄牛，再次跨过板门店军事分界线访问朝鲜。他说："与前一次的500头相加，正好是1001头牛。这1001绝不意味着结束，而是意味着跨越千年之后，将要有一个新的开始。"

当时，朝鲜最高领导人、国防委员长金正日亲自到郑周永下榻的地方与他会面，这就确定了现代集团在独家开发金刚山和参与朝鲜各项大规模开发项目中的优先地位。

郑周永高兴地说："现在，每一个韩国人都有机会到景色迷人的金刚山观光旅游了！"

国际社会评价说：

> 郑周永此举，使朝鲜半岛南北之间的和解、共存、共同发展出现了新的希望，为金大中政府制定对北政策提供了有力的依据，也为东北亚地区的和平和共同发展奠定了良好基础。

年底，韩国舆论界一致评选郑周永为"当年新闻人物"，在评选理由中写道：

> 郑周永在世界金融危机的影响和韩国经济陷入困境的情况下，他还是激流勇进，表现了韩国企业家的远见卓识和雄才大略。

1999年，郑周永被美国《商业周刊》选为"当年举世瞩目的企业家"。

1999年10月1日，郑周永再次带领儿子郑梦宪访问朝鲜，金正日在平壤会见了他们。郑周永是应朝亚太和平委员会邀请经板门店来到平壤的。

圆满结束这次访问后，郑周永语重心长地说："这次我和金正日达成了一致意见，认为合作对于南北经济的发展都有很大帮助。最终我们达成了金刚山开发的协议。我想以这次访朝和金刚山开发为契机，促进南北的交流、协作、和解，使南北氛围更加和谐自然。我希望为我们民族的和平与繁荣，为朝鲜半岛的统一作一点贡献。金刚山开发是我必须完成的课题。"

2000年6月29日，金正日在朝鲜东海岸港口城市元山接见了来访的郑周永和现代牙山会长郑梦宪。

郑周永和郑梦宪是自北南首脑会晤后首次访问朝鲜的韩国客人。金正日对郑周永和郑梦宪的来访表示热情欢迎，双方在亲切的气氛中进行了会谈。

金正日在会谈中表示确信，郑周永和郑梦宪所推进的民族团结与和解、交流与合作的事业，将对履行《北南共同宣言》

金正日当天还为郑周永一行举行了晚宴,并与他们合影留念。朝鲜亚太和平委员会委员长金容淳也参加了当天的会见。

郑周永一行是28日经板门店抵达平壤的。当天,金容淳和朝鲜亚太和平委员会副委员长宋浩京与郑周永一行举行了会谈,随后金容淳在平壤木兰馆设晚宴欢迎郑周永一行。

此行是这些年来第八次访问平壤。他此行的主要目的是与朝方就扩大金刚山旅游项目,确定西海岸工业基地和基础设施建设等问题进行商讨。

朝鲜要求郑周永在东海岸风景如画的金刚山地区兴建高科技的计算机工业园。

郑周永表示:"现代集团同意在金刚山附近建设朝鲜的'硅谷'。"不过,他并没有向外界提供这项计划的细节。

金正日访问中国时,对在计算机科技方面赶上世界其他国家表现了强烈的兴趣。他对中国的改革表示敬意,并参观了北京的高科技区。因此,他在元山会见郑周永时,表示了同样浓厚的兴趣。

郑周永和金正日还就将金刚山地区开发成以贸易、金融和旅游文化产品为特色的经济区达成了一致意见。双方同意在朝鲜建立一个工业园。

郑周永结束在朝鲜的3天之旅后,于星期五返回韩国。

可是,以后的事态发展并不随着郑周永的理解而进行,政治如同气象一般,阴晴冷暖,变化无常。

自从2000年8月以来,郑周永已经因为体重下降和身体疲惫,多次被送进医院休养。郑周永在无奈之余,慨叹自己夙梦难圆。

2001年3月21日晚22时10分,韩国经济界神话般的人物、现代集团创办人、韩国最大的财阀之一郑周永,在汉城现代属下的峨山医院,走完了他86年的人生。

郑周永逝世后,韩国总统金大中等政界要人和经济界知名人士纷纷发唁电以示哀悼。韩国最大的企业联合组织韩国经济人联合会甚至要求为他举行国葬。

朝鲜方面得知郑周永逝世的消息之后,金正日派出前亚太和平委员会副委员长兼统战部副部长宋虎景率领吊唁团,代表他赴韩国吊唁并慰问郑周永家属。

在韩国,有人开玩笑说,可能有人不知道总统是谁,但郑周永却人人皆知。

郑周永之所以有名,一是因为他那具有传奇色彩的一生;二是因为他创建的企业在韩国,乃至全球的地位和影响。

附：年　谱

1915年11月25日，出生于江原道通川郡松田面峨山里。

1930年3月，毕业于松田国立小学。

1934年，在福兴商会当粮食发放员。

1938年1月，成立京一商社。与边柄权之长女边仲锡结婚。

1939年12月，因日本实行粮食配给制，关闭京一商社。

1940年3月，借钱买下阿道汽车修配厂。

1943，因日本帝国主义实行"企业整备令"，阿道汽车修配厂被迫与日进工作所合并。

1946年4月，成立现代汽车工业社。

1947年5月25日，成立现代土建社。

1950年1月，将现代汽车工业社与现代土建社合并，成立现代建筑株式会社。

1952年12月，承接装修云岘宫工程。

1953年4月，高灵桥工程开工。

1955年5月，高灵桥工程竣工。

1957年9月，汉江人行桥修复工程开工。

1958年5月，汉江人行桥修复工程竣工。

1959年6月，仁川第一船坞修复工程开工。

1960年11月，仁川第一船坞修复工程竣工，现代建筑跃居韩建筑界榜首。

1962年7月，丹阳水泥厂建设工程开工。

1964年7月，丹阳水泥厂正式点火投产。

1965年9月，进军泰国，承建拉特越高速公路工程。

1966年3月，进军越南，承建疏浚金兰湾工程。

1967年12月，成立现代汽车株式会社。

1968年2月，京釜高速公路正式破土动工。

1969年1月，将现代建筑系统的企业改为集团制。以现代建筑为母体，将现代汽车、现代丹阳水泥厂等定为子公司。任现代集团会长。

1970年7月，京釜高速公路通车。荣获由总统亲自颁发的"铜塔产业勋章"。进军澳大利亚，承接疏通港湾工程。

1972年3月，蔚山造船厂工程开工。5月，在巴布亚新几内亚承建地下水发电站工程。

1973年4月，成立现代造船重工业株式会社，被授予"金塔产业勋章"。

1974年6月，被选为韩英经济协作委员会韩方会长。

1975年6月，伊朗造船厂工程正式开工。10月，巴林阿拉伯船舶修造厂工程正式开工。

1976年7月，沙特阿拉伯朱拜勒产业港工程正式开工。

1977年2月，当选为全国经济人联合会会长。7月，成立峨山社会福利事业财团。10月，荣获英国政府颁发的帝国勋章。

1979年2月，再次当选全国经济人联合会会长。

1980年，现代建筑营业额突破一兆韩元大关。

1981年2月，第三次当选全国经济人联合会会长。5月，出任1988年奥运会申办委员会会长。

1982年，开始瑞山拦海造田工程。7月，就任大韩体育会会长。

1983年2月，第四次当选全国经济人联合会会长。成立现代电子产业株式会社。

1985年2月，第五次当选全国经济人联合会会长。

1987年2月，宣布退居二线。由其四弟郑世永担任现代集团会长，自己任现代集团名誉会长。

1988年2月，荣获总统颁发的国民勋章"无穷花章"。

1989年1月7日至11日，访问苏联。1月23日，访问朝鲜，提出共同开发金刚山意向书。7月，任韩苏经济协会会长。

1990年10月，再次访问苏联，受到戈尔巴乔夫接见。

1991年1月10日，主持召开新党发起人大会。2月8日，召开统一国民党成立大会，宣布统一国民党正式成立。12月18日，在总统选举中失败。

1996年1月3日，让次子郑梦九继任"现代集团"会长。

1998年6月16日，郑周永再次访问朝鲜。

2001年3月21日，在汉城一家医院病逝，享年86岁。